✝

ABBAYE

DE

SAINTE-MARIE-DU-MONT

DE

L'ORDRE DE CITEAUX RÉFORMÉ

AU MONT DES CATTES

Beata solitudo,
Sola beatitudo !
(S. BERNARD.)

———

CHATEAUROUX

IMPRIMERIE A. MAJESTÉ ET L. BOUCHARDEAU

2, RUE GUTENBERG, 2

—

MDCCCXCVIII

ABBAYE

DE

SAINTE-MARIE-DU-MONT

AU MONT DES CATTES

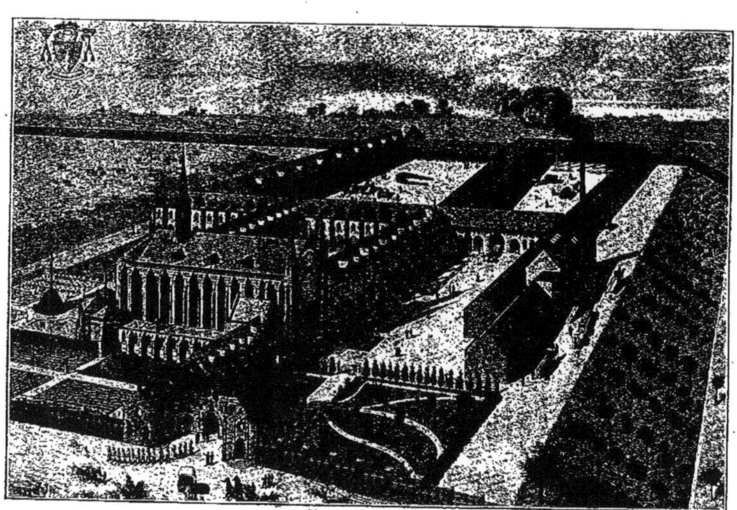

VUE GÉNÉRALE DE L'ABBAYE.

☩

ABBAYE

DE

SAINTE-MARIE-DU-MONT

DE

L'ORDRE DE CITEAUX RÉFORMÉ

AU MONT DES CATTES

Beata solitudo,
Sola beatitudo !

(S. Bernard.)

CHATEAUROUX

IMPRIMERIE A. MAJESTÉ ET L. BOUCHARDEAU

2, RUE GUTENBERG, 2

1898

LE MONT DES CATTES

ET

L'ABBAYE DE SAINTE-MARIE-DU-MONT

PRÉFACE

Depuis 1888 [1], l'abbaye des Trappistes de Sainte-Marie-du-Mont est dans une situation nouvelle, tant à l'intérieur qu'à l'extérieur : à l'intérieur, par suite de la fusion célèbre de nombreux monastères de Cisterciens d'observances diverses ; à l'extérieur : le monastère a été rebâti complètement à neuf.

Cependant notre notice, comme la précédente, s'attachera à l'ordre chronologique des événements qui intéressent le monastère et le pays où il est établi. Nous nous contenterons de rectifier, s'il y a lieu, dans le détail, les faits anciens, et de relater les faits nouveaux qui ont eu le plus d'influence sur notre communauté.

Nous offrons cet humble récit à nos frères d'abord (*domesticos fidei*), les fils de Sainte-

---

[1]. Date de la dernière notice, épuisée d'ailleurs.

Marie-du-Mont, et à tous ceux qui sont affiliés à l'ordre de Cîteaux ; — à tous ceux ensuite qui, appelés en religion par la voix divine, n'ont pas encore choisi la famille religieuse à laquelle ils voudraient appartenir ; puissent-ils comprendre, ceux-là, combien douce et utile est notre existence de prière et de pénitence ! — enfin aux amis de la maison et à tous les fidèles simplement curieux de se renseigner sur le passé de notre montagne, et sur la vie des Trappistes dans leur monastère ; à tous il pourra être profitable de mieux connaître un de ces Ordres monastiques qui sont comme les bataillons d'avant-garde de l'Église militante, soumis à des constitutions qu'elle approuve, et qui lui ont donné tant de saints.

On sait la prédilection de Notre-Seigneur Jésus-Christ pour les montagnes : c'est là qu'il aimait à faire ces oraisons qu'il prolongeait bien avant dans la nuit ; c'est sur les montagnes qu'il prononça d'importants sermons, qu'il se manifesta dans sa gloire aux apôtres choisis, qu'il voulut mourir en croix pour nous sauver ; c'est d'une montagne enfin qu'il voulut s'élever au ciel.

Les saints et les fondateurs d'Ordres ont choisi de préférence les lieux élevés, soit pour y chercher la solitude, soit pour y instituer des monastères. Saint Antoine le Grand, premier instituteur de la vie cénobitique, patriarche de tous les moines ; saint Benoît, le patriarche des moines d'Occident ; saint Bernard, le grand propagateur de l'état monastique, ont eu ce sentiment, quoique la tradition cistercienne ait plus souvent préféré les vallées.

On verra, au cours de ces pages, saint Antoine placer ses religieux sur le mont des Cattes ; ils y furent les précurseurs des fils de saint Benoît et de saint Bernard.

Puisse la grâce de Dieu nous rendre dignes de tels ancêtres, et daigne la Providence répandre largement les bénédictions sur notre famille religieuse, pour sa gloire, pour notre sanctification, l'édification du prochain, le salut de la France et de tous les peuples !

CHAPITRE PREMIER

TOPOGRAPHIE

Les habitants du pays flamand, pays plat s'il en fut, ont toujours considéré le mont des Cattes comme un coin de Suisse en miniature ; aussi est-il le but toujours favori de leurs excursions : ils y respirent avec délices un air plus pur ; c'est une jouissance pour eux de pouvoir étendre au loin leurs regards, de contempler un horizon plus large et plus gai que le rideau de saules qui borde le champ voisin, ou les sombres murs des cités industrielles.

Le mont de Cassel a pour lui les grands souvenirs historiques ; mais beaucoup de touristes préfèrent le mont des Cattes : Cassel est trop ville pour les amateurs de pittoresque.

Le mont de Kemmel a ses bois et ses bruyères, mais il est moins élevé, moins svelte, et, par suite, il présente des horizons moins jolis et moins variés que le mont des Cattes. Mais l'attrait spécial et unique de notre montagne, c'est son monastère : tous, croyants et sceptiques, contemplent avec une curiosité bienveillante les moines au travail ; et, pour tous, c'est un spectacle salutaire ; car ils ne peuvent manquer de faire cette réflexion : voilà des hommes qui renoncent à tout pour se sauver — et moi ?...

Outre les beautés de la nature et le charme mystérieux et pénétrant qu'y attache l'idée religieuse dont il est tout imprégné, le mont des Cattes est encore un intéressant sujet d'étude pour l'historien et pour le savant.

Le géologue, en escaladant la colline, voit au premier coup d'œil combien le sol diffère de celui des plaines environnantes : sur les flancs de la montagne, le sol est jaune, sablonneux, caillouteux et, dans la belle saison, exhale une odeur caractéristique.

Les couches de terrain qui constituent le mont des Cattes se rapportent à la formation tertiaire.

Les eaux qui formaient un golfe du Val d'Hazebrouck, ont été le principal agent de leurs dépôts successifs.

L'argile d'Ypres (éocène inférieur) forme l'assise de la montagne, et au-dessus reposent les strates horizontales que le forage d'un puits artésien, pratiqué en 1884 dans la cour du monastère, a livrées à l'analyse de M. Théry, professeur du collège d'Hazebrouck. Son travail concordant avec celui que M. Artlieb fit en 1865, nous résumerons ce dernier.

Le mont des Cattes offre : 1° à la base, les

sables glauconieux du mont Panisel ; 2° sable buxellien sans fossiles ; 3° sables caractérisés par la présence d'*ostrea flabellula, cardium panulosum*, etc., et de fragments de roches calcaires ou ferrugineuses qui renferment les mêmes fossiles ; 4° lit graveleux avec *nummulites lœvigata et heberti roulés* ; 5° sables læzéniens sans fossiles, appartenant à un niveau inférieur jaunâtre et graveleux et à un autre banc de sable grisâtre généralement fin ; 7° sable indéterminable, miocène ; 8° l'assise bien développée des sables diestiens.

Le mont des Cattes est situé à 0°19′ de longitude Est et à 50°48′ de latitude Nord, sur les trois communes de Godewaersvelde, Berthen et Méteren. Sa population augmente chaque année et l'on ne compte pas moins de 7 à 800 habitants.

Avec le mont de Boeschèpe il commence, à 14 kilomètres Est de Cassel, une série de mamelons entrant en Belgique au mont Noir.

Le sommet du mont des Cattes est à 158 mètres d'élévation au-dessus de la mer ; le pourtour de la base mesure environ trois kilomètres. Il est à huit lieues de la mer du Nord ; Dunkerque et Ostende sont les ports les plus rapprochés. Plusieurs cours d'eau, connus sous le nom générique de *Beck*, prennent source au mont des Cattes, notamment la *Vlietbeck*, canalisée à Poperinghe.

C'est du mont Noir et du mont de Boeschèpe

que le Katsberg (Mont des Cattes), par une claire matinée, présente l'aspect le plus agréable.

La superbe église abbatiale domine les autres constructions claustrales, de même que la prière domine toute la vie du moine ; elle attire les regards par les belles proportions de ses tourelles, de son portail, de ses fenêtres élancées. Sur la croupe boisée qui s'avance vers la gauche, on aperçoit la chapelle de la Passion : cette année 1898 la voit s'agrandir de quatre mètres, s'enrichir d'un autel en pierre blanche surmonté d'un beau Sacré-Cœur ; un double escalier, à l'extérieur, amène sous le chevet où l'on trouve une représentation du tombeau de N.-S. ; là, chaque vendredi, à l'appel de la cloche argentine, les fidèles viennent nombreux entendre une messe matinale et *servir* un crucifix réputé contre les *fièvres* [1]. C'est à peine si le soleil laisse deviner son prochain épanouissement ; à cette heure, les prés et les bois sont à demi voilés par une brume azurée, tandis que, plus loin, les *pics* et les *dents* de nos *Alpes* flamandes dominent le nuage et semblent des îlots qui émergent de l'Océan.

De l'étroit plateau du mont des Cattes, on voit au sud-ouest les collines d'Artois ; les monts Noir, Aigu (!), Rouge et Kemmel courbent

---

1. Expressions locales qui signifient vénérer l'image du Crucifix ou d'un Saint en sollicitant une grâce particulière ; on dira encore : servir saint Gowaert à Arnèke pour les rhumatismes.

gracieusement l'horizon et, avec leur verdure et leurs castels, « semblent détachés d'un paysage des bords du Rhin, » a écrit M. Lemire [1]. Dans l'immense panorama, l'œil nu contemple les villes de Poperinghe, Ypres, Steenwoorde, Cassel, Aire, Hazebrouck, Merville, Béthune, Estaires, Bailleul, etc. ; et sur un rayon de plus de dix lieues, à l'aide d'une bonne lunette, des détails infinis s'offrent aux yeux ravis du spectateur : les cités de Lille, Armentières, Dixmude, Ostende, Bergues ; Dunkerque, d'où l'on voit se détacher phare, casino, tours, et ce port pareil à une forêt avec les mâts sans nombre des vaisseaux qu'il abrite ; le beffroi d'Aire, où l'on peut suivre la marche des aiguilles sur le cadran, aussi bien que sur celui d'Ypres ; mais ce qui frappe et charme plus encore, c'est cette campagne immense et féconde qui, à distance, semble un superbe tapis aux mille teintes diverses ; à cette vue, le cœur s'épanouit, l'âme s'élève naturellement vers l'Auteur de toute harmonie et de toute beauté ; de l'admiration pour la nature, à l'adoration du Créateur et au désir de la céleste Patrie.

1. Vie de M. le Chanoine Dehaene.

CHAPITRE II

LA MORINIE ET LES CATTES

La partie Est de la Gaule Belgique s'appelait *Morinie*, à cause de ses nombreux marais, *moëres* ; autour de ces marais croissaient d'épaisses broussailles. Cette nature du sol a valu leur nom à plusieurs des localités qui avoisinent le mont des Cattes ; ainsi *Meorghem*, ville de marais, primitivement Broïl ou Bruël (marécage), est aujourd'hui Merville ; Hazebrouck veut dire : marais herbeux ; Boeschèpe : juridiction du bois. Les noms ont presque tous une origine flamande : *Estaires* est l'orthographe francisée de *Stegers* ; Nieppe, une contraction de *Van Ypen*, nom d'un ruisseau ; dans la Flandre française, Cassel, la Gorgue, Bailleul et les endroits qui portent un nom de saint échappent à cette règle étymologique.

Pour les Romains, la Morinie était le bout du monde ; Virgile chantait *extremique hominum Morini*. César s'en était fait des alliés ; Cassel, que les Ménapiens avaient possédée, se trouvait en son pouvoir. Quant à la montagne qui fait l'objet de ce travail, le P. Malbrancq prétend y avoir découvert des vestiges de fortifications romaines. Il paraît en cela se tromper ; du moins ces restes ont complètement disparu : *perierunt etiam ruinæ*. Les seules vieilleries que le terrain nous ait fournies, en dehors des fossiles, sont quelques haches celtiques.

Les chaussées de César n'amenèrent pas d'apôtres de l'Italie dans nos régions. On signale au pays de Térouanne, Gentien et Fuscien qui avec saint Piat semèrent et firent germer la vérité chez les peuplades voisines, et saint Victrice, évêque de Rouen, qui évangélisa le pays d'Ypres et de Saint-Omer en 370. Des Saxons s'étaient déjà fixés au ve siècle sur le littoral de la mer du Nord, lorsque les invasions des Francs, des Vandales, des Suèves, des Alains, suivis des Allemands et des Burgondes, puis des Hérules, refoulèrent les légions romaines et finirent par absorber l'empire d'Occident.

Les Flamands étaient des Saxons établis au territoire de Bruges, où ils reçurent le nom de *Flimings*, fugitifs, ou *Vlaemings*, habitants d'une terre submergée.

Cependant les Francs Saliens s'étaient fixés à Cambrai, Tournai, Térouanne, capitale de la Morinie, et cette portion de la Belgique s'appela dès lors Royaume Franc, *Vrank-Ryk* : ce fut le berceau de la France.

Sous les Mérovingiens, la Morinie entend la prédication du salut : saint Vaast, le catéchiste de Clovis, élève un autel à Estaires ; saint Remy confie à saint Antimond la mission des Morins : « Nation dure et obstinée, lui dit-il ; mais souviens-toi que ceux qui résistent au glaive se soumettent à la parole de Dieu ».

Les saints Médard, Eloi, Amand évangélisent « les féroces nations de la Flandre ». Puis de saints moines font surgir, des marais mêmes, des abbayes, foyers actifs de civilisation chrétienne : ce sont les saints Winoc à Bergues, Omer et Bertin à Sitiu, Mauront et Amé à Merville, tandis que Wulmar, Vindicien, Folquin et Godehard annoncent la foi aux environs de Cassel.

Malbrancq appelle notre montagne *mons Cattorum*. En flamand, on écrit *Katsberg* et plusieurs traduisent *mont des Chats* : la carte de l'état-major signale le *mont des Chats*, sur la route de Flêtre et, près de ce village, *Cattenhouk, Catsberg* où se trouvent le couvent et le *mont des Cattes* vers Berthen. Il nous semble raisonnable de nous ranger à l'opinion de l'auteur *de Morinis* et de nommer notre Katsberg, le *mont des Catles*.

Les Cattes faisaient partie de la nation des Suèves et occupaient le territoire actuel de la Hesse électorale, une partie du duché de Nassau

et de la Westphalie. Cassel, non pas notre voisine, mais la capitale de la Hesse, se nomme en
latin *Castellum Cattorum* ; on trouve encore,
Catzenbogen, Cattimelibocus, Catwich sur le
Rhin et sur la mer du Nord, Cathen et Catte-
broch dans le Brabant.

La *Germania* de Tacite décrit ainsi les mœurs
des Cattes : « Vêtus d'un simple *sagum*, armés
d'une framée dont ils usent pour combattre de
près et de loin, ils aiment à peindre de ma-
nières variées leurs boucliers [1], ils passent leurs
jours autour du feu ; parfois ils demandent des
vêtements à la dépouille des monstres marins.
La toilette des hommes se distingue peu de
celle des femmes ; celles-ci portent seulement
des voiles de lin avec bande de pourpre, mais
les bras et les épaules sont nus. Le mari seul
offre une dot : elle consiste en un bœuf, un
cheval harnaché ou des armes. Car la femme
catte combat aussi l'ennemi, marche au côté
de son époux, excite son courage. D'un aspect
terrible, ces sauvages ne sont pas sans mora-
lité : chez eux, les mariages sont chastes, limi-
ter le nombre des enfants est un crime et les
épouses sont protégées par leur vertu. » C'est
là sans doute une de ces rudes leçons que l'historien n'épargne pas à ses contemporains de

---

1. *Nulla cultus jactatio : scuta tantum lectissimis coloribus distinguunt,*
voilà déjà les armoiries, en vérité! bien avant les croisades.

Rome ; et de nos jours, hélas ! que de parents
chrétiens pourraient en rougissant profiter du
langage de ce païen ! Défaits plusieurs fois par
les Romains, les Cattes furent décimés par les
Hermandures ; Claudien est le dernier auteur
qui les mentionne.

Des Cattes sont venus d'outre-Rhin, en 406,
avec les autres tribus germaines. Ils ont pu, dès
lors, s'établir sur notre colline ; on peut suppo-
ser aussi que leur établissement dans la contrée
se rapporte à quelque autre invasion ; ils ont
pu encore être déportés en Belgique par Char-
lemagne après la conquête de la Saxe, ou bien
descendre vers la Morinie en quittant la Ba-
tavie où ils s'étaient fixés en dernier lieu. Contrairement aux autres barbares tudesques, les
Cattes s'établissaient indifféremment dans les
plaines et sur les montagnes ; Tacite remarque,
à ce sujet, que leur pays d'origine — les abords
de la forêt hercynienne — offre « des chaînes de
collines qui s'effacent peu à peu, tandis que le
reste de la Germanie ne présente que des cam-
pagnes marécageuses ». Ainsi peut-être auront-
ils retrouvé, dans le Katsberg, un site qui leur
rappelait de loin la patrie d'origine, et l'auront-
ils choisi pour y fixer leur demeure, y marquer
leur empreinte, y attacher leur nom.

Longtemps après, y viendront à leur tour
des disciples de l'Évangile, exilés eux aussi de

leur vraie patrie, et se trouvant un peu plus près du ciel, comme sur le Thabor ou le Calvaire, ils diront : *Bonum est nos hic esse*, il fait bon rester ici avec notre divin Sauveur.

C'est la tribu des Cattes Antonins et celle des Cattes Cisterciens, dont nous parlerons plus loin.

CHAPITRE III

TISSERANDS[1], HUGUENOTS[2], LA SEIGNEURIE DE KATSBERG

Pline le Jeune vantait déjà les tissus de la Morinie. On sait combien, au moyen âge, l'industrie flamande fut florissante. En 1247, Ypres, qui comptait 200.000 habitants, était un des centres les plus importants du commerce des draps. Toute la contrée se livrait à la fabrication ; mais, dans la suite, les ducs de Bourgogne et les rois d'Espagne accordèrent des privilèges aux grandes villes au détriment des petites localités environnantes. Ainsi, en 1511 et en 1565, « défense est faite aux manants des châtellenies d'Ypres, Bailleul, etc., excepté dans les dites cités, de tisser aucune étoffe, sinon les pièces de *doeken*, de douze aunes au plus, et de les vendre aux franches foires ». En même temps, le nombre des métiers était limité, notamment pour les tisserands de Berthen, Godewaersvelde,

---

1. Documents pour servir à l'histoire de Bailleul, par Ignace de Coussemaker.

2. *Troubles au XVIᵉ siècle*, par Ed. de Coussemaker.

etc. Notons en passant que le tissu dit *doeken*, qui se fabrique toujours dans la contrée, rappelle assez bien le couvre-chef des dames cattes dont parle Tacite : c'est de la *toile rayée en rouge*, ou en quelque autre couleur, et destinée à faire des *fichus*, des mouchoirs de poche, etc. Le trafic des draperies, qui se faisait de temps immémorial avec l'Angleterre, favorisa au XVIe siècle la diffusion du calvinisme dans les Flandres.

Après les longues guerres, qui promenèrent si souvent leurs horreurs dans le val de Cassel et laissèrent la question de nationalité pendante jusqu'au traité d'Utrecht, une autre cause de calamités, pour notre contrée, fut le fanatisme des protestants.

Les noms de *Geuzenbosch*, ou bois des gueux, et *Boschgeuzen*, gueux des bois, rappellent les bandes huguenotes réfugiées dans les taillis du mont des Cattes : elles ne sortaient de leurs repaires que pour piller les châteaux, incendier les églises, massacrer les prêtres. Le nombre des gueux devint tel que l'inquisiteur de Marguerite de Parme lui écrivait : « Pour chastier tous les rebelles, il faudrait dépopuliser la Westflandre ».

Le 15 août 1566, les environs du Katsberg offraient le désolant spectacle d'un désastre immense : les Huguenots livraient aux flammes simultanément plus de 500 églises. En vain, les souverains espagnols prenaient les mesures les plus sévères, l'hérésie ne cessait de progresser. L'intrépide bailli de Bailleul, Philippe de Morbèque, fit au mont des Cattes de nombreuses et importantes arrestations, et, dans le nombre des coupables, « aucuns furent capitalement punis ». Mais le mal venait de haut : le pays était agité par des seigneurs et des ministres protestants. Jacques Taffin, de Cassel, receveur du château de la Motte-au-Bois, et Jacques Dathenus de Hondeghem, jacobin du couvent d'Ypres, surnommé le moine à la barbe rousse, avaient reçu de l'électeur la mission de protestantiser le Westquartier. Leur zèle était secondé par un grand nombre de prédicants : un ancien augustin d'Ypres, « Jacques de Buysère, gasta fort Bailleul et ses alentours » ; aux conventicules de Ravensberg, Belhout, Catsberg, Westhove, se firent entendre G. van Heyde et Albert, venus de Frise ; la propagande hérétique se faisait au Doulieu, à Steenwerck, à Poperinghe par les soins de l'éloquent de Swarte, ancien dominicain ; Michel van Eyde, dit le Moine, Jean Lamoot, Guislain Damman de Boeschèpe, et son frère Guillaume, prêtre, Marc de Berthen et Louis de Sommère dogmatisaient dans la même contrée.

A côté de tant d'apostats, on trouve heureusement nombre de prêtres qui préférèrent le martyre à l'abandon de la foi romaine : ainsi les curés ou chapelains de Reninghelst, Neuve-Église, Hondschoote, Herzeele, etc. Les prédicants huguenots étaient soutenus par l'autorité des seigneurs.

Il était loin, hélas ! le temps où les chevaliers flamands, en foule, marchaient à la suite de Godefroid de Bouillon, des comtes de Flandre, Robert II, Philippe d'Alsace et Bauduin IX, où le mont des Cattes s'enorgueillissait de voir les seigneurs du pays combattre sous la croix et mourir pour le Christ : c'étaient Formold, préteur d'Ypres, Jean d'Estaires, Albert et Bauduin de Bailleul, Guillaume et Winoc de Hondschoote, Adelston d'Ypres, Louis de Herzeele, Pierre d'Oudenhove, Josse de Méteren ; salut à tous ces noms glorieux !

Nous venons de nommer Oudenhove ; cette seigneurie était située près de Steenwoorde et possédait en arrière-fief celle de Katsberg, sise à Godewaersvelde, qui avait une contenance de 25 mesures et 50 verges, et consistait en rente annuelle. Le château, dit *T'huis van Katsberg*, à Oudezeele, était la résidence des titulaires de la seigneurie de Katsberg. Ces titulaires furent d'abord les de Courteville, successivement baillis de Steenwoorde, gouverneurs de Nieuport et grands baillis de Furnes ; puis les de Hondeghem, baillis d'Hazebrouck, à partir du

XVII° siècle et au XVIII° siècle les Keingiart.

Albert-François Keingiart, seigneur de Katsberg, noble vassal de la ville d'Ypres, épouse en
1751 Anne-Marie Van Hardevust, dernière du
nom et des armes de la famille célèbre de Duro-
Pugniero, originaire d'Italie. Cette famille, fixée
à Cologne, s'honorait à juste titre d'avoir donné
à l'Eglise saint Bruno, le fondateur des Chartreux. Louis-Bruno Kengiart de Gheluwelt, fils
des précédents, vendit la seigneurie de Katsberg au commencement de ce siècle et mourut
en 1847 à Ypres, laissant postérité.

Dans les guerres de Flandre, le Katsberg n'a
joué aucun rôle actif. Il est là, au milieu du
théâtre de ces luttes fameuses, comme un obser-
vatoire autour duquel les souvenirs historiques
se heurtent en foule.

CHAPITRE IV

LES ANTONINS

Saint Antoine le Grand, patriarche des moines d'Orient, mourut en 356 à l'âge de cent trois ans. Qui ne connaît sa vie merveilleuse !...

Elle eut constamment le privilège d'intéresser le peuple; dans tous les pays, les théâtres forains ont représenté la tentation du père des cénobites. Le démon lui apparaissait sous mille formes diverses, pareil au Protée de Virgile:

Variæ illudent species atque ora ferarum
Fiet enim subito sus horridus atraque tigris.

Nul n'ignore que la statue de saint Antoine a pour accessoire ordinaire un pourceau, *sus horridus*. Est-ce pour signifier les tentations de la chair ? est-ce pour rappeler les bontés du saint envers un porcelet né sans pattes et sans yeux? En décide qui le peut.

Le corps du grand saint Antoine, porté à Alexandrie, puis à Constantinople, donné au Xe siècle par l'Empereur à Josselin, seigneur dauphinois, fut déposé dans l'église priorale de la Motte-Saint-Dizier. Ce prieuré, devenu chef d'Ordre, répandit dans nos Flandres des essaims de religieux Antonins.

En 1231, le prévôt de Notre-Dame-de-Bruges apporta dans cette église une partie du bras de saint Antoine, et la dévotion au saint prit un grand accroissement : son intercession était considérée comme le seul remède au *mal des ardents* ou feu de Saint-Antoine. L'humble confiance des fidèles obtint des guérisons miraculeuses.

Les Antonins vivaient régulièrement ; ils soignaient les malades et, en particulier, ceux qui souffraient du feu Saint-Antoine ; ils donnaient aux enfants pauvres l'instruction gratuite, comme de nos jours ; mais avec cet avantage sur la nôtre que la leur était en même temps *gratis* et *pro Deo*. Les Antonins furent approuvés au concile de Clermont, en 1095 ; ils desservaient un hôpital à Bailleul. Les ermites de Kemmel et du Catsberg ne semblent pas avoir jamais relevé de l'abbaye de Saint-Jean des Antonins de Bailleul, ils dépendaient de l'évêque d'Ypres.

Ces ermites s'établirent à Berthen au milieu du xvII^e siècle, dans le bois sis derrière la petite chapelle actuelle de la Passion, et cet endroit se nomme encore l'*ermitage*. L'opposition du curé à leur désir d'avoir un aumônier provoqua leur départ ; ils vinrent habiter l'emplacement actuel de l'abbaye de Sainte-Marie-du-Mont, sur la paroisse de Godewaersvelde.

L'évêque les autorisa, le 23 juin 1688, à s'y construire une nouvelle demeure ; celle-ci fut de rechef remplacée en 1725 par une autre bâtisse et, jusqu'en 1893, ce couvent, le troisième en date, resta englobé dans les constructions du premier moutier des trappistes : il formait le côté sud des lieux réguliers. En 1726, les religieux de saint Antoine du Catsberg s'unirent en communauté de biens avec leurs frères de Kemmel.

La règle des Antonins les obligeait à jeûner le vendredi et à garder le silence ; après un an de noviciat, ils prononçaient des vœux, mais ces vœux ne les liaient que pour le temps de leur séjour à l'ermitage. Leur costume consistait en une tunique brune, avec un scapulaire marqué d'un T, dit croix de saint Antoine. Le tau, dernière lettre de l'alphabet hébraïque, est à la fois le symbole de la perfection et le signe de notre rédemption. A leur ceinture de cuir, était suspendu un chapelet de buis.

Des Antonins du mont des Cattes desservaient la sacristie de Bailleul[1].

Les frères étaient inhumés dans l'oratoire de la communauté, les défunts étrangers recevaient la sépulture dans un cimetière spécial qui fut

1. *Notice sur les FF. Antonins du Mont des Cattes*, par M. Van Costenoble, curé de Flêtre.

bénit en 1777. A cette époque, le monastère était
en voie de prospérité ; l'école comptait environ
deux cents élèves, quand éclata l'orage révolutionnaire. Pas un Antonin ne voulut prêter le
serment à la constitution. Les frères occupaient
encore la maison en 1792 ; leur prieur était
Jacques Deguidt, né à Caestre, plein de vaillante
énergie malgré ses quarante-quatre ans de profession. Alors que l'impiété foulait aux pieds les
objets du culte et de la vénération publique, que
l'on enlevait à leur chapelle deux calices pour
les envoyer à la monnaie de Lille, les bons Religieux élevèrent dans leur jardin un monticule
de quarante pieds, et y dressèrent une croix qui
dominait la contrée. A cette courageuse protes-
tation, à ce *Christus regnat, Christus imperat*, répondit bientôt la clameur des méchants :
Nolumus hunc regnare super nos. Des for-
cenés se ruèrent sur l'humble ermitage, le
détruisirent en partie, expulsèrent violemment
les moines, et confisquèrent le domaine.

CHAPITRE V

Nous sommes arrivés à l'époque où la Providence voulait établir, sur le mont des Cattes, une colonie de Trappistes, ou moines de l'Ordre de Cîteaux. Avant de rapporter cette fondation, qu'il nous soit permis de faire connaître l'Ordre des Cisterciens, tant anciens que réformés, et de donner quelques détails sur l'histoire, la règle et l'esprit de cette famille religieuse.

Le chroniqueur Aubert le Mire, après Césaire d'Heisterbac s'exprime ainsi : « L'Ordre très illustre de Cîteaux reconnaît pour auteur le Saint-Esprit, pour instituteur saint Benoît, pour réformateur saint Robert. Celui-ci, Abbé de Molesmes en Bourgogne, sortit de son abbaye avec 21 moines pour s'établir au désert de Cîteaux, en 1098. Là fleurit, dès lors, la pratique la plus exacte de la règle bénédictine. » Hugues, archevêque de Lyon et légat du Saint-Siège, avait autorisé ces moines à se choisir un séjour paisible, et le vicomte de Beaune leur concéda la solitude marécageuse où ils élevèrent

le *nouveau monastère*, berceau de l'Ordre Cistercien. Odon, duc de Bourgogne, fournit aux
moines de nouvelles terres et des bestiaux ;
l'évêque de Châlons remit à saint Robert la
crosse abbatiale. Mais, en 1099, les Frères de
Molesmes obtinrent du pape Urbain II le retour
de leur Abbé : son successeur à Cîteaux fut
saint Albéric. Celui-ci demanda au Saint-Siège
aide et protection contre les attaques des personnes tant séculières qu'ecclésiastiques, et le
pape Pascal, par lettres de mai 1100, lui octroya
l'objet de sa requête.

Dès cette époque, les Frères de Cîteaux s'ap-
pliquèrent à pratiquer en toutes choses la simplicité, et à exercer la charité envers les étrangers. Il y eut dès lors deux sortes de Religieux :
les Religieux de chœur, qui sont prêtres, et des
Convers laïcs qui se distinguent extérieurement
par le port de la barbe (barbati), et dont les
fonctions se rapportent surtout au gouvernement des fermes.

Le costume se compose pour les moines d'une
tunique ou robe blanche et d'un scapulaire noir
passé dans une ceinture de cuir. En dehors du
temps de travail, ils portent au-dessus du tout
une coule blanche. Pour les convers le costume
est brun, et la coule est remplacée par une chappe.

L'Ordre se plaça sous le patronage spécial de
la Sainte Vierge.

Après neuf ans de fidèle service dans sa fonction, le saint Abbé Albéric s'endormit dans le Seigneur, laissant le supériorat à saint Etienne Harding, anglais d'origine, et premier instigateur de la fondation de Cîteaux.

Il y eut, à cette époque, une crise pénible : la fièvre paludéenne avait enlevé une partie de la communauté et les postulants ne se présentaient pas pour combler ces vides douloureux. Cette épreuve dura quatorze ans pour le vénérable Etienne ; mais la miséricorde divine lui ménageait d'amples consolations : elle inspira la vocation monastique à un tout jeune homme de noble race.

Bernard, tempérament délicat, esprit cultivé, abandonna le siècle, ses richesses et ses plaisirs. Associés à son sacrifice, trente gentilshommes, ses proches et ses amis, tous instruits et puissants, subirent la sainte contagion de son exemple. Cîteaux, sans perdre la fleur suave de sa piété, vit s'accroître alors ses prés et ses vignes. Un grand nombre de sujets vint bientôt renforcer ce premier noyau, si bien que la communauté jusque-là stérile donna naissance, en 1113, aux maisons de la Ferté et de Pontigny, et en 1115, à celles de Clairvaux et de Morimond. Cîteaux put chanter alors l'hymne de la reconnaissance et de l'allégresse : *Habitare facit sterilem in domo, matrem filiorum lætantem !*

En 1119, Etienne réunit les Supérieurs des premières abbayes, inaugurant ainsi les *chapitres généraux,* dont la réunion périodique fut pratiquée ensuite par toutes les autres familles religieuses.

Ensemble les neuf Abbés établirent la célèbre *carte de charité.* Ce statut arrête que, chaque année, les maisons filles recevront la *visite* de eurs Pères Immédiats. Le chapitre pourvoira aux réformes sollicitées par le bien des âmes.

On commença par établir les modes d'élection, de correction et de démission pour les Abbés ; — l'unité du chant ; — pour l'application de la règle, chaque maison devra se conformer à l'interprétation suivie par l'abbaye-mère.

C'est à la *carte de charité* que l'Ordre cistercien dut sa solidité et sa grandeur. Cette carte fut approuvée par Calixte II en 1119 et s'augmenta du livre des *Us* et de la collection de quatre-vingt-six décrets des chapitres généraux jusqu'en 1134 : ces décrets furent portés par les Abbés des soixante-seize monastères alors existants.

L'*âge d'or* de Cîteaux court de 1134 à 1343, période si glorieuse qu'aucune histoire de société religieuse ne saurait lui être comparée. L'Ordre cistercien se répandit si rapidement par toute l'Europe que, des plages riantes de la Sicile aux glaces de la Norvège, des extrémités de l'Espagne aux montagnes de la Styrie, nul pays ne restait où l'on ne trouvât des moines de saint Bernard. Un an avant la mort de l'Abbé de Clairvaux, le chapitre de 1152 s'efforçait d'enrayer ce mouvement d'expansion, ce qui n'empêcha pas le nombre des abbayes de s'élever bientôt à plus de 800. Dieu avait suscité, en la personne de saint Etienne, un puissant organisateur et un digne maître pour ce moine qui, du fond de son monastère, devait projeter sur son siècle, et jusqu'à la fin des âges, les lumières incomparables de son génie et de sa foi. C'est à la parole de Bernard surtout que Cîteaux dut son efflorescence merveilleuse : sa couronne se compose de saints, de savants, de nombreux prélats, de deux papes : le bienheureux Eugène III et Benoît XII ; ses moines prêchent les croisades, deviennent arbitres entre les rois et les peuples, sont l'âme des conciles, les ambassadeurs des Souverains Pontifes, fondent les Ordres militaires ou en acceptent la juridiction, souffrent le martyre dans les guerres religieuses, rendent au Saint-Siège des services éminents et variés qui leur méritent les plus beaux éloges.

Cependant, par suite des bouleversements politiques, de la difficulté des relations, de la difficulté aussi pour des hommes réunis en société de rester longtemps dans un état de si rude pénitence, il arriva que, même avant la *commende* si désastreuse, le corps puissant de

Cîteaux tomba en décadence et, au xvᵉ siècle, se scinda en plusieurs branches. En France, s'établit à Clairvaux une stricte observance à laquelle, par voie de filiation, se rattachait l'abbaye de la Trappe. Celle-ci, à son tour, fut réformée en 1663 par l'Abbé de Rancé. Tandis que la Révolution dispersait tous les autres Ordres religieux, la Trappe, grâce à Dom Augustin de Lestranges, se maintint au prix d'héroïques efforts. Partis en fugitifs jusqu'en Russie et en Amérique, les trappistes firent fructifier leur exil en établissant des maisons de l'Ordre en ces pays; en 1814, ils rentraient au doux pays de France, et y rétablissaient Cîteaux, où D. Augustin faisait revivre la règle avec une vigueur qui renchérissait sur les austérités des premiers temps.

L'œuvre de saint Etienne et les *Us* ou règlements furent constamment approuvés par les Souverains Pontifes. Le xvᵉ siècle apporta quelques modifications à l'interprétation de la règle bénédictine. Le lever fut fixé à deux heures, le petit office de la Sainte Vierge commença à être récité en chœur, avant l'office canonial chanté, et, dès lors, le *Salve Regina* termina les complies de toute l'année. Les Cisterciens réformés de la Trappe conservent ces traditions avec toutes les prières liturgiques de l'ancien Cîteaux. L'Abbé de Rancé avait rétabli le silence, l'abstinence et le travail des mains. Cependant les

Trappistes s'étant multipliés, les uns abandonnèrent les règlements de Dom de Lestranges pour revenir à ceux de l'Abbé de Rancé ; les autres, pour rependre les *Us* primitifs. De là, trois congrégations distinctes : deux en France et une en Belgique.

En 1892, à l'appel de D. Sébastien Wyart se réunirent, à Rome, en chapitre les Abbés rancéens dont D. Sébastien était, en France, le vicaire général, et les Supérieurs des deux autres congrégations. Le résultat fut une fusion qui combla les vœux de tous. Le Révérendissime D. Sébastien fut élu Abbé général de l'Ordre ainsi constitué qui prit le nom de *Cisterciens réformés*. De nouveaux *Us* furent édictés qui se rapprochent de ceux du xiiᵉ siècle autant que le permettent nos tempéraments moins robustes. Des constitutions spéciales furent, en 1894, approuvées par le Saint-Siège.

Voici comment se passe — et l'on peut dire — se remplit la journée d'un Trappiste dans un monastère de *Citeaux réformé* :

I. En hiver. — 2 heures : Lever, petit office, oraison.

3 heures : Office canonial, messes privées, intervalle.

5 h. 30 m. : Prime, chapitre, intervalle.

7 h. 45 m. : Tierce, grand'messe, sexte, travail jusqu'à 10 h. 45 m.

11 h. 7 m. : None, examen.

11 h. 30 m. : Dîner, intervalle.

1 h. 30 m. : Travail jusqu'à 3 h. 30 m.

4 h. 30 m. : Vêpres, oraison, collation, intervalle.

6 h. 10 m. : Lecture de complies, complies.

7 heures : Coucher.

II. En été. — Après le chapitre, *mixte* ou
petit déjeuner, travail qui se termine à 9 heures,
intervalle.

9 h. 45 m. : Tierce, grand'messe, sexte.

11 heures : Dîner, méridienne jusqu'à 1 heure.

1 h. 5 m. : None et intervalle.

2 heures : Travail jusqu'à 4 h. 30 m., intervalle.

5 h. 10 m. : Vêpres et oraison.

6 heures : Souper, intervalle.

7 h. 10 m. : Lecture de Complies, Complies.

8 heures : Coucher.

Pendant les intervalles, on peut vaquer à sa
direction, ou à ses dévotions particulières, ou à
l'étude. L'office divin, selon saint Benoît, est le
principal devoir du moine, son grand moyen de
perfection. Saint Bernard a bien montré son zèle
pour la louange de Dieu par les Offices en com-
posant un traité spécial sur ce sujet. Cîteaux a
toujours veillé à l'exécution simple et grave des
mélodies grégoriennes : ses fils réformés s'appli-
quent à bien reproduire les chants de leurs Pères.

Au XIV° siècle, Cîteaux fonda des collèges, et toujours les moines furent plus ou moins hommes d'études. Le chapitre général de 1895 a décidé que les Cisterciens aspirants au sacerdoce suivraient un cours de philosophie d'après saint Thomas, puis des cours de morale, de dogme et de droit canon.

La sainte Bible doit occuper le premier temps libre de la journée du moine : il peut d'ailleurs prendre pour objet de ses études les œuvres ascétiques, hagiograhiques, historiques, et en général tout ce qui est propre à pousser une âme vers la perfection à laquelle elle aspire.

Les conférences mensuelles obligent les prêtres à entretenir leurs connaissances. L'exégèse et la théologie doivent être la base de l'ascétisme et de la vie contemplative, selon cette devise des vieux moines : *savoir pour aimer,* qui confirme le : *nil volitum quin præcognitum.*

La règle bénédictine a traversé les siècles, conservant tous ses caractères essentiels ; ni saint Robert, ni les réformateurs ne lui ont enlevé cette âpre saveur de pénitence qui est en même temps le principe de sa force et de sa douceur. L'existence austère des Cisterciens rappelle à un siècle ramolli que la pénitence — suivant les paroles mêmes de Notre-Dame de Lourdes — est à la base du christianisme, et plus nécessaire que jamais. Les Cisterciens se font, à l'exemple de

leur roi Jésus-Hostie, victimes et sauveurs ; ils
sont une vivante prédication : car en cherchant
la sainteté pour eux-mêmes, en visant à une
charité toujours plus parfaite, ils sont apôtres à
la manière de sainte Thérèse, dont il est dit
qu'elle amena plus d'âmes à Dieu que saint
François Xavier. Par cette admirable solidarité
qui unit les chrétiens dignes de ce nom, par cette
mystérieuse communauté des mérites de tous
les justes, il arrive que les Cisterciens, du fond
de leurs cloîtres, par la prière et l'expiation, par
leur union constante avec le divin Crucifié,
aident les travaux des missionnaires et des
autres combattants de la plaine : ils ont le rôle
de Moïse sur la montagne. Ce sont éminemment
des ascètes, mais non pas, au sens propre du
mot, des contemplatifs : car la contemplation est
du domaine de la mystique, c'est un état passif
dans lequel l'âme, éclairée par le Saint-Esprit,
préguste les joies de la vision béatifique. Toute-
fois, dans un sens restreint, la contemplation
est le lot commun du chrétien en qui vivent les
vertus théologales : c'est le souvenir constant,
vif, pénétrant de ce que Dieu est pour nous et
de ce que nous devons être pour Lui.

Le silence est l'élément de la vie intérieure, la
condition du progrès dans la dévotion. Il est à
la fois la patrie des forts, selon le mot de Lacor-
daire, et le refuge des faibles ; il répare et évite

bien des fautes, économise le temps, cette monnaie de l'éternité, et rapproche l'âme de Dieu : *in silentio Dominus.* « Celui qui garde sa langue, garde son âme, » dit l'Esprit Saint. Le but principal de saint Benoît, en établissant et en imposant un si rigoureux silence, était de favoriser l'esprit d'oraison et de maintenir l'union et la charité entre tous les membres des communautés : ce saint connaissait les immenses biens qui découlent du silence. Le monde croit aisément que le silence condamne le Cistercien à une vie triste et monotone ; que le monde se détrompe ! Bien peu de mondains sont gais et joyeux comme les habitants des sombres monastères. *Fascinatio nugacitatis obscurat bona,* fasciné par les bagatelles du siècle, le mondain se figure mal la douceur de la contemplation, le vrai plaisir qu'il y a à s'exercer à ce qui sera l'occupation des saints dans le ciel, la vive jouissance que l'on éprouve à posséder la vérité, à s'en nourrir ; les biens et plaisirs terrestres ne paraissent biens et plaisirs que parce qu'ils sont *présents ;* en réalité, les biens futurs l'emportent autant sur eux que l'âme sur le corps, que les joies de l'esprit sur celles de la chair, que Dieu sur la créature. L'ennui et le dégoût sont l'apanage du désordre, la paix et le bonheur règnent dans une bonne conscience. D'ailleurs, au monastère, ce n'est pas la variété

qui manque : variété des exercices au cours de
chaque journée, variété du cycle liturgique sur lequel l'existence du moine se modèle ; il n'y a point
de place pour l'ennui, ce gâte-fête des séculiers.

Isolés par leur silence, mais toujours réunis,
les Cisterciens pratiquent le plus parfait céno-
bitisme, et profitent des avantages de la solitude
sans en subir les inconvénients.

Vêtus des blanches livrées de la Sainte Vierge,
leur *avouée*, ils ont reçu d'elle les marques de
la protection la plus efficace, et ces bontés de
Marie ont donné jour à de nombreuses légendes,
relatées dans les chroniques de la période ini-
tiale, dite *âge d'or*. Qui a plus aimé Marie que
saint Bernard, le docteur *aux lèvres de miel* ?
Qui, mieux que lui, a célébré ses louanges?

Le culte des morts est aussi, chez les Cisterciens, fort en honneur : un mois entier leur est
spécialement consacré ; des messes sont dites
chaque jour pour les bienfaiteurs, les parents,
les frères défunts ; chaque année, cinq grands
anniversaires sont célébrés à leur intention.

Nous avons retracé l'histoire de Cîteaux ancien, décrit le Cîteaux actuel, et fait connaître
l'esprit de l'Ordre Religieux duquel dépend le
mont des Cattes. Nous allons assister à la fondation de notre chère abbaye de Sainte-Marie-
du-Mont ; mais faisons d'abord la connaissance
du fondateur.

CHAPITRE VI

M. Nicolas-Joseph Ruyssen est né à Hazebrouck, le 26 mars 1757. Son père exerçait le métier de jardinier et occupait, auprès de l'église, unique alors, une maison appartenant à M. Thomassin, de Saint-Omer. Naturellement, le propriétaire s'intéressait à l'avenir de la famille de son fermier et il remarqua les croquis que la fantaisie enfantine de Nicolas lui faisait tracer sur les volets de la maison paternelle. Il sut y distinguer d'heureuses dispositions, présagea un avenir d'artiste, et fit admettre son protégé à l'académie audomaroise.

Bientôt une exposition, dans sa ville natale, des œuvres du jeune artiste, attira sur lui l'attention du prince de Montmorency Robecque, châtelain de Morbèque. Dès lors, Ruyssen a son logement à Paris dans l'hôtel Montmorency, et son heureux caractère lui assure, dans la meilleure compagnie, de bons et précieux amis. Il se lie intimement avec M. de la Basèque, parent du prince et officier aux chevau-légers de Louis XVI.

NIC.-JOS. RUYSSEN.

Cependant Nicolas Ruyssen, sous la direction des peintres Simon et Vien, faisait de rapides progrès dans son art : il était le camarade de Wicart, qui a donné son nom à un musée de Lille, et en relations suivies avec Fontaine, l'architecte du Roi. Le prince de Montmorency, son insigne bienfaiteur, combla tous ses vœux en lui donnant de quoi visiter Rome. Voyons-le en route : son journal de voyage nous le montre s'extasiant devant Cluny, l'abbaye colossale, où les moines lui firent l'accueil le plus sympathique. Il admire la splendide église ; mais, sous l'influence du goût de son époque, il déclare regretter qu'elle soit d'un style qualifié par lui de *gothique*, c'est-à-dire barbare, par opposition au style imité de l'antique, seul en honneur alors.

Inutile de rappeler que Cluny, du xie siècle, était du roman le plus pur, bien que l'arc aigu qui s'y rencontrait ait pu faire illusion à un visiteur peu expert en archéologie.

Nicolas Ruyssen demeura à Rome jusqu'en 1791, et y peignit des études que sa famille conserve avec une légitime fierté. A son retour, en pleine tempête révolutionnaire, il ne trouva plus à Paris MM. de Montmorency et de la Basèque : tous deux s'étaient réfugiés en Belgique.

Le vent n'était pas, en France, aux travaux d'art, aussi Nicolas Ruyssen fut-il heureux de s'installer au château de Reninghelst, dans les environs du mont des Cattes, chez son ami de la Basèque. Il décora le salon du comte de deux grands panneaux, dont les sujets nous ont été communiqués : ils représentent l'arrivée du peintre au château, l'intérieur de son atelier ; on y voit les portraits de la famille du châtelain.

Le château fut incendié par le général Vandamme. Ruyssen exposa ses jours pour sauver ses travaux. Peu après, nous le retrouvons à Londres où, grâce à sa palette et sans doute aussi à ses relations antérieures, il entre à la cour de Georges III et dans la familiarité des princes. Professeur des jeunes princesses, il est souvent admis à la table du monarque.

En 1803, la princesse Elisa lui dédie un album d'études ; la même année, il publie un cours d'anatomie d'après les cartons de Raphaël que possède Windsor. A son départ de l'Angleterre, la Reine lui laisse son portrait, peint par W. Buskey. Les offres qu'on lui faisait étaient superbes, assez pour le retenir : un fauteuil à l'académie ; mais le fils du jardinier d'Hazebrouck aimait avant tout son pays et se hâta, en 1814, d'y revenir. Après son retour, il fit des restaurations de tableaux et peignit quelques toiles à l'église d'Hazebrouck ; mais, somme toute, ses œuvres sont rares et ses pinceaux semblent avoir été délaissés. Il a dû sa fortune à son talent peut-être, mais bien aussi à ses

qualités de société, à un esprit ingénieux qui
lui fit inventer des instruments pour faciliter le
dessin de perspective. Dans la Flandre, il a
laissé la réputation de l'homme le plus attrayant
par son affabilité, par les récits de sa vie aven-
tureuse. A travers ces péripéties, la Providence
l'amenait par la main à faire une œuvre plus
importante : la fondation du monastère de
Sainte-Marie-du-Mont.

Le pays était à cette époque privé de maisons
d'enseignement primaire, et M. Ruyssen songeait à le doter d'un établissement de ce genre.
Sur ces entrefaites, les débris de l'ermitage des
P. P. Antonins du mont des Cattes vinrent à
être mis en vente ; il les acheta, les fit aménager
d'abord pour son usage et s'y vint installer avec
son chapelain, le P. Izoard, ancien Guillelmite.

Pour accomplir son dessein de fonder une
œuvre d'instruction primaire, il fit appel
d'abord aux Jésuites qui ne crurent pas pouvoir
répondre à ses avances, puis il s'adressa aux
Frères de la Doctrine Chrétienne : ceux-ci accep-
tèrent l'établissement d'un pensionnat, mais ils
ne se chargeaient que de faire les classes, le reste
était laissé aux soins de M. Ruyssen. L'ermitage reçut une centaine d'élèves ; c'était un beau
commencement, mais, après deux ans, M. Ruyssen résilia la convention passée par lui avec les
Frères et se tourna vers les Trappistes du Gard.

CHAPITRE VII

FONDATION DU PRIEURÉ DES TRAPPISTES AU
MONT DES CATTES

Nous avons dit que les Trappistes étaient des Cisterciens conservés par l'intrépide D. de Lestranges et rentrés, en 1815, dans leur monastère normand de la Trappe. L'année suivante. des Trappistes relevaient la vieille abbaye du Gard, située près de Picquigny, à trois lieues d'Amiens. Gérard, vidame d'Amiens, comte de Picquigny, l'avait fondée en 1137, et une colonie de Cherlieu vint peu après, vers 1139, en prendre possession. Cherlieu, au diocèse de Besançon, était un monastère issu de Clairvaux, de sorte que la généalogie du prieuré du mont des Cattes, future abbaye de Sainte-Marie-du-Mont, s'établit ainsi :

Cîteaux, 1098

|

Clairvaux, 1115, troisième fille de Cîteaux

|

Cherlieu, 1131

|

le Gard, 1139, restauré en 1816 par les Trappistes

|

le mont des Cattes, 1826

Mais une autre généalogie que l'on peut encore établir est celle que lui donnent les restaurateurs du Gard, et alors il faut procéder comme suit.

La Trappe était dépendante de Savigny, chef-lieu d'une congrégation bénédictine qui entra dans l'ordre de Cîteaux en 1147.

Savigny fonda :

Vaux de Cernay
|
Breuil-Saint-Benoit
|
la Trappe, 1122
|
la Val Sainte, en Suisse
|
Darfeld, en Wetsphalie, transférée au mont des Olives
|
le Gard, rétabli en 1816
|
le mont des Cattes

En 1845, le chemin de fer d'Amiens à Abbeville coupa la propriété du Gard, et força les religieux à chercher une autre solitude. Ils se réfugièrent dans l'ancienne abbaye de Septfons (Allier), fondée en 1132, et qui, depuis sa restauration jusqu'à la fusion des trois congrégations de Trappistes, resta presque constamment le lieu de résidence du vicaire général des Rancéens. Le monastère du mont des Cattes ayant pour mère immédiate le Gard, par suite de la disparition de ce monastère et du transfert de sa communauté à Septfons, c'est Notre=Dame de Saint-Lieu-

Septfons que Sainte-Marie-du-Mont des Cattes reconnaît pour sa maison-mère, et c'est l'Abbé de Septfons, en conséquence, qui fait d'office la visite régulière annuelle du mont des Cattes.

Revenons à l'histoire de la fondation du mont des Cattes.

D. Eugène Bonhomme de la Prade avait racheté en 1816, l'année même de sa mort, Notre-Dame du Gard. Dix ans plus tard, la communauté avait prospéré assez pour devoir songer à essaimer. Elle se demandait où iraient ses colons, quand M. Ruyssen vint à point lui faire ses offres. L'Abbé D. Germain Gillon envoya aussitôt en Flandre son cellérier, le P. Olympiade, pour étudier la question : l'établissement, jugé possible, fut aussitôt résolu. Les conditions n'étaient cependant pas brillantes : le pieux fondateur ne donnait que la maison, le gros mobilier, quelques mesures de bois taillis et de terrain inculte. Sans revenus, les Pères de la nouvelle maison ne pourraient se soutenir qu'en recourant à la charité des fidèles. Il ne fallait pas compter sur la maison-mère, le Gard n'était rien moins que riche : sa communauté de 84 personnes tirait en partie ses ressources du Nord ; ces ressources allaient lui manquer par la fondation du mont des Cattes, mais, en revanche, le départ de la colonie diminuait les charges.

Les Pères désignés comme premiers pionniers du mont des Cattes étaient autant de héros qui allaient affronter des difficultés presque insurmontables :

1° Le Révérend Père Marie-Joseph, prieur, jusque-là aumônier des Cisterciennes de Soleilmont (près Charleroi, Belgique).

2ᵉ Le R. P. Nil, cellérier, ancien convers, devenu choriste, alors sous-diacre.

Le P. François-Marie, prieur du Gard, l'avait pris en affection, lui avait fait faire ses études et l'avait établi maître des convers.

3° Six frères convers, les frères Philippe, Jean-Baptiste, Laurent, Alexandre, Félix et Raymond, ces trois derniers encore novices.

Le départ avait été fixé au 15 janvier 1826. Dans le couvent, en dehors du conseil de l'Abbé, rien n'avait encore transpiré des projets de fondation. Aussi la veille de la sortie ceux qui, sans le savoir, étaient commandés pour le service d'émigration, furent bien étonnés qu'on les fît changer de vêtements. Après Matines, le cellérier les mena chez le R. P. Abbé, qui commença par les exhorter à l'obéissance et les interrogea sur leurs dispositions à ce sujet. Tous répondirent qu'ils étaient prêts à accepter n'importe quelle obédience. Le R. P. Abbé leur annonça alors qu'ils allaient fonder une nouvelle maison et partir immédiatement : rien de plus, sur le lieu et les conditions du nouvel établissement. Ayant embrassé leur Supérieur, munis de sa bénédiction et de ses souhaits, les sept *partants* (leur prieur n'était pas avec eux encore) franchirent l'enclos du Gard : à la porte du jardin qui longe la rivière de la Somme, un humble véhicule les attendait pour les transporter à leur demeure mystérieuse ; non pas tous : quatre d'entre eux, faute de places, prirent la voiture de Saint-François. Ils s'en allèrent sans provisions « *nolite portare neque sacculum neque peram* » ; seuls les cellériers, le P. Olympiade du Gard et le P. Nil du mont des Cattes, avaient un bréviaire. Ce départ avait lieu à cinq heures du matin : le sol couvert de neige reflétait encore la clarté de la lune. La caravane fit halte à Frévent, à Saint-Pol, où elle passa la nuit, et en tous lieux, racontait le F. Raymond, les séculiers, déshabitués de voir la robe monastique, se pressaient pour considérer ces hommes d'un autre âge : un tel spectacle leur semblait emprunté aux enluminures d'un livre d'heures médiéval, bien que le moine soit réellement de tous les siècles. La seconde nuit de cet exode arrêta nos voyageurs à Amettes ; ils y firent leur pélerinage au grand pauvre qui avait tant désiré vivre de la vie cistercienne, et dont ils allaient imiter, pendant de longues années, le dénuement.

Le doyen d'Aire, le lendemain, fut enchanté

d'héberger des Trappistes : ce vénérable M. Ancelin voulut même leur donner le Salut dans sa chapelle privée. C'était la dernière étape des colons : à midi, ils arrivèrent dans la ville d'Hazebrouck ; là, les attendait un chariot envoyé par leur fondateur à leur rencontre pour les conduire à leur nouvelle habitation. Les curieux se portaient de plus en plus au-devant d'eux, et ils eurent même quelque peine à sortir de la ville. Enfin, le soir, ils descendirent chez M. Ruyssen, qui les attendait impatiemment. Alors seulement le P. Olympiade leur dit : « Mes frères, vous êtes chez vous, c'est ici le lieu de votre repos. Il m'était interdit de vous renseigner avant d'être arrivés ». Le R. P. Germain avait voulu mettre à la base de la nouvelle maison cistercienne le mérite d'un sublime sacrifice accompli dans une parfaite simplicité d'esprit.

L'excellent M. Ruyssen ne savait assez témoigner aux arrivants son bonheur de les posséder, aussi cette première soirée se prolongea-t-elle bien avant dans la nuit.

Le 25 janvier arriva le Père Prieur M.-Joseph : le lendemain, il procédait à la cérémonie d'installation. Il y eut messe et communion, puis la petite communauté se rendit processionnellement à la « chapelle blanche » ; le Père Prieur M.-Joseph et le

Père Olympiade marchaient en tête en chantant des psaumes; venaient ensuite les Frères Convers, M. Ruyssen, son neveu, son chapelain, les domestiques et quelques habitants de la montagne.

Le ciel avait préparé un épais tapis de neige aux Trappistes pour leur prise de possession, — comme l'enfant Jésus à Bethléem, ils arrivaient dans un pays étranger, en plein hiver; mais ils y trouvaient au moins un gîte habitable. La maison qui leur était cédée était un bâtiment d'environ 200 pieds de long, comportant deux ailes avec étage et toit couvert en pannes. Au rez-de-chaussée, se trouvaient une chapelle et les anciennes classes des Frères de la Doctrine Chrétienne; au-dessus, les étroites cellules des pensionnaires; la cour, plantée de tilleuls, était entourée d'une haie vive. Quinze jours après l'installation, les PP. Albéric, prêtre, et Pierre-Marie vinrent renforcer la colonie : ils y apportaient les livres liturgiques indispensables, et l'office commença dès lors à se réciter sur le mont des Cattes, pour n'y être, il faut l'espérer, plus jamais interrompu : *Te decet hymnus, Deus, in Sion.*

Après la fête de Pâques, D. Germain vint visiter ses enfants de la Flandre, et régulariser leur situation. Le fondateur se prêta de bonne grâce à ce que l'on attendait de lui et passa un contrat, — portant quittance, — par lequel il déclarait vendre au R. P. Abbé sa maison pour le prix de quinze mille francs.

Dans une seconde visite au mont des Cattes, l'Abbé du Gard reçut la profession de deux frères novices, et fit l'acquisition d'un petit bois.

Depuis que les Trappistes occupaient son habitation, le bon M. Ruyssen avait pris possession d'une humble chaumière du côté de Godewaersvelde, mais il passait sa journée au couvent, assistait aux offices et à la lecture ; il se plaisait au milieu de ses moines, et pour ceux-ci la piété toute simple de ce digne vieillard était un sujet d'édification. Dieu se hâta de le récompenser de sa bonne œuvre : le 7 mai 1826, à l'heure de Matines, il appelait subitement à lui son serviteur. Dans son testament, M. Ruyssen avait inséré la clause que les religieux enseigneraient le flamand, le français et les principes de la religion aux enfants du voisinage ; nous verrons qu'ils furent fidèles à observer ces volontés de leur fondateur.

Les moines eurent à cœur de rendre à la dépouille mortelle de M. Ruyssen les honneurs qui lui étaient dus ; ils lui firent de solennelles funérailles, et déposèrent son corps dans la chapelle. Plus tard, quand fut construite la première église, les restes de M. Ruyssen furent placés dans le chœur des convers. Une dalle de marbre blanc portait une inscription reproduite aujourd'hui, presque littéralement, dans le bas chœur de la seconde église :

Première épitaphe :

†

Sépulture
de Monsieur Nicolas-Joseph Ruyssen
né à Hazebrouck, le 26 mars 1757
fils de Nicolas et de Monique Maes
peintre d'histoire
élève des écoles de Paris et de Rome
Professeur de dessin des Princesses royales
d'Angleterre sous Georges III
Fondateur du présent monastère
de la Maison Dieu de la Trappe
au mont des Cattes
décédé au dit mont
le 7 mai 1826
R. I. P.

Seconde épitaphe [1] :

†

Sépulture
de Monsieur Nicolas Joseph Ruyssen
né à Hazebrouck, le 26 mars 1757
fils de Nicolas et de Monique Maes
peintre d'histoire
Professeur de dessin des Princesses royales
d'Angleterre sous Georges III
Fondateur du présent monastère
en 1826
(lequel devint abbaye en 1847)
et décédé au mont des Cattes
le 7 mai de cette même année 1826

—

R. I. P.

1. A l'occasion de la translation du corps de M. Ruyssen dans la nouvelle église, en 1895, un service solennel fut chanté, auquel assistait le petit-neveu du fondateur, M. Ruyssen, curé de la Gorgue.

Ancien couvent des PP. Antonins, maison des Frères de la doctrine chrétienne, 1824-25, cédée aux PP. Trappistes en 1826. — D'après un dessin de M. Ruyssen.

CHAPITRE VIII

LES COMMENCEMENTS DE NOTRE-DAME DU MONT

La nouveauté de leur établissement attira aux Trappistes de nombreuses visites. Dès la fin de mai 1826, des postulants se présentèrent, entre autres le P. Jean Climaque, plus tard sous-prieur, et le P. Augustin, qui devint hôtelier et donna le plus bel exemple de la patience chrétienne : un mal affreux, la gangrène, le rongea peu à peu sans lui rien enlever de sa franche gaîté.

M. Ruyssen mort, le monastère se vit dans une grande pénurie. Faute d'habits de rechange, les moines, pour laver leurs robes, étaient réduits à faire la lessive en coule, c'est-à-dire avec leur ample habit de chœur ; faute de pommes de terre, ils ne mangeaient plus qu'une grosse soupe faite de pain et d'herbes cueillies au jardin. Aussi le F. Raymond, chargé des hôtes, était-il à bout d'expédients : il y avait bien le jardin de M. Ruyssen, mais c'était un parterre fait seulement pour le régal des yeux ; quant aux terres broussailleuses qui entouraient le couvent, c'est à la sueur de leur front, à force de labours profonds et de larges fumures, que les moines rendirent fécond ce désert de sable, balayé trop souvent par de furieuses tempêtes.

Au milieu de ce dénûment, la nécessité se montrait urgente d'exécuter plusieurs travaux : il fallut d'abord creuser une citerne pour recueillir les eaux du ciel, car, en temps de sécheresse, force était d'aller chercher au bas de la montagne toute l'eau nécessaire au couvent ; puis, pour servir d'hôtellerie aux personnes du sexe, parentes des moines ou bienfaitrices de la communauté, on transporta jusqu'auprès du monastère, et *sans la démolir*, une petite maison qui était voisine du moulin connu encore aujourd'hui sous le nom de *Steenmul* ; enfin on construisit, cette même année, une écurie, une étable et une grange. Ces travaux étaient hors de proportion avec les ressources du monastère, aussi la reconnaissance, cette mémoire du cœur, a-t-elle conservé vivant parmi nous le pieux souvenir de nos premiers bienfaiteurs. M. Delabarre, receveur de l'enregistrement, mort en 1843, géra, durant plusieurs années, les intérêts temporels des Trappistes ; Mlle Vercheure paya la construction de l'Église ; M. du Sart d'Escarnes (mort à 80 ans, en 1843, en Belgique) donna aux religieux des bois de charpente pour une valeur de 6000 fr. ; M. le comte du Tertre, de Saint-Omer, ancien général, offrit la cloche et en fut parrain, avec sa nièce, Mlle de Ghistelles, pour marraine : celle-ci fit cadeau d'une chasuble brodée de ses mains [1]. M. du Tertre, homme d'une rare piété, passait son carême au monastère, suivant les religieux au chœur et au réfectoire. Mort en 1852, il a voulu perpétuer son souvenir parmi ses chers Trappistes, en leur laissant son portrait. La communauté dut beaucoup alors aux libéralités de M. Cirier de Bergues, magistrat à Saint-Omer ; de la famille Cleenwerck, de Bailleul ; de M. Dussart, de Flêtre ; de M. le baron de l'Epine. Grâce à leurs secours, les moines purent vivre et observer leurs constitutions. Suivant le désir de M. Ruyssen, une école fut établie où un religieux de chœur et un frère convers ins-truisaient les enfants.

Vers la fin de 1826, le P. Maur Dezitter, Bailleulois, profès du Gard, vint au mont des Cattes. Ce religieux se distinguait par sa grande dévotion envers la Passion de Notre-Seigneur Jésus-Christ, et par son héroïque mor-tification. Assez longtemps il vécut alternati-vement sans boire ou sans manger. Il mourut en 1834, et fut enterré à Bailleul, car le cime-tière propre du monastère ne fut établi qu'en 1835 ; la foule pieuse qui assistait à ses funé-railles montra combien il était en vénération.

---

1. Nous lisons : *il* dans un ms. probablement pour : *elle*.

Au commencement de 1827, le P. prieur M.-Joseph retourne chez les Dames de Soleilmont, il est remplacé dans ses fonctions par le P. Bernard. Plusieurs autres religieux viennent du Gard au mont des Cattes, entre autres le P. Stanislas : plus tard, il succédera à D. Germain au Gard, puis transférera sa communauté à Septfons ; mais auparavant il aidera à la fondation de Saint-Sixte (Belgique), le P. prieur François-Marie. Né à Anvers d'une famille noble, le P. François-Marie (dans le monde André Van Langendonck) quitta le siècle, et au Gard et au mont des Cattes donna l'exemple des plus belles vertus ; il partit pour Saint-Sixte avec les frères Alexis et Mansuède. L'endroit avait été habité par des moines Augustins ; le monastère qu'ils y établirent, devenu abbaye en 1872, est affilié à celui de Westmalle depuis 1836. Saint-Sixte est situé dans un bois de sapins, à trois lieues du mont des Cattes et une lieue de Poperinghe. C'est là que le P. François mourut en odeur de sainteté [1], le 2 novembre 1836.

En 1829, fut solennellement bénite la première pierre de l'église du mont des Cattes ; et cette année aussi l'on commença la construction du chapitre et du premier quartier des hôtes. Nous nous rappelons ce quartier, ses salles

---

1. Son corps fut retrouvé intact en 1843 ; sa vie a été écrite.

étroites, si basses d'encuvement que la main
atteignait aisément le plafond ; comme le petit
couvent de Saint-Damien d'Assise, ce bâtiment
était, pour ainsi dire, paré d'une pauvreté pleine
de charme et d'édification. Extérieurement
blanchi à la chaux, il brillait dans la verdure
des bois comme un marabout arabe sur une
montagne d'Algérie ; bref, il avait sa poésie, et
surtout combien de pieux souvenirs !

La communauté, composée de 30 personnes,
était sous la direction du P. Nil, à la fois prieur,
cellérier, quêteur. Il acheva l'église et les lieux
réguliers, acheta des terres, fit bénir avec pompe
l'église, reçut la visite de M. le préfet du Nord,
puis celle de Mgr Belmas. Peu après, le P. Nil
se démit de sa supériorité ; le P. Désiré n'ac-
ceptait qu'à regret d'être son remplaçant, aussi
fut-il heureux quand, le 20 juillet 1835, D. Stanislas, Abbé du Gard, amena au mont des Cattes
le P. Augustin et le nomma Supérieur. Sous le
P. Augustin, les travaux d'aménagement con-
tinuèrent à la ferme ; l'église se meubla, les
cloîtres furent dallés, le cimetière transféré du
préau dans le jardin. On y refit la butte élevée
par les Antonins, et du sommet, point culminant
du mont des Cattes, de nouveau le Christ éten-
dit ses bras protecteurs sur le pays flamand.
En 1896, le monticule fut démoli, et les morts
qui reposaient à l'entour furent transférés au

cimetière actuel, situé à quelques mètres de l'ancien.

Ce premier monastère avait, dès lors, l'aspect que nous lui avons connu : insuffisant à une communauté un peu nombreuse, il était de proportions étroites et d'une simplicité voisine de la misère, mais il présentait au moins des lieux réguliers distribués suivant le plan traditionnel.

On sait que les maisons cisterciennes sont toutes placées sous le vocable de la Sainte Vierge. Le moutier du mont des Cattes s'appela, dès l'origine, Notre-Dame du mont des Cattes.

CHAPITRE IX

LE P. ATHANASE, DERNIER PRIEUR TITULAIRE. LE MONT DES CATTES DEVIENT ABBAYE.

Le P. Athanase Itsweire, prieur titulaire de Notre-Dame du mont des Cattes, au moment où ce monastère devint abbaye, est une figure sympathique dont nous devons esquisser quelques traits.

Natif d'Hazebrouck, d'abord vicaire à Bailleul où il laissa le parfum des vertus sacerdotales les plus solides, ensuite curé à Grande-Synthe où il ferma la plaie des unions purement civiles, il entra au mont des Cattes en 1836, et deux ans après fut nommé prieur en remplacement du P. Augustin. C'était un homme accompli, joignant une étonnante activité à une angélique piété. Souvent on le vit verser des larmes en célébrant les Saints Mystères ; au chœur, sa puissante voix soutenait et entraînait ses frères, comme au travail son énergie incomparable les excitait sans relâche. S'il péchait en quelque chose, c'était par excès de zèle, d'ardeur, de courage : il lui manquait un peu de modération et de compassion pour la faiblesse de ses frères.

Cependant cette tendance était chez lui corrigée par une charité profonde et un dévouement absolu : il en donna maintes preuves, soit envers ses frères, soit envers les séculiers, dans les visites qu'il faisait et recevait comme directeur de conscience ou comme médecin : car il était aussi habile guérisseur des corps que des âmes. Les pauvres de la montagne avaient toute sa prédilection. Malgré ses occupations, il était d'une exactitude exemplaire ; jamais ses courses auprès des malades ne lui firent manquer le chœur. Il fallait une nature organisée comme la sienne, au physique et au moral, pour faire face à tant de travaux et à l'accomplissement de tous ses devoirs. Sous son priorat, l'école fut bâtie sur la route de Godewaersvelde et de nouveaux achats de terrains arrondirent le petit domaine des Pères.

Depuis plusieurs années déjà, Mgr Belmas, évêque de Cambrai, avait exprimé le désir d'avoir un Abbé au mont des Cattes ; son successeur, le cardinal Giraud, obtint en 1847 l'érection du prieuré en abbaye et communiqua aux Trappistes les dispositions suivantes :

« Art. 1er. Est supprimé le titre de prieuré au monastère des Trappistes, situé sur le mont des Cattes, Archevêché de Cambrai.

« Art. 2. Le monastère susnommé est érigé en abbaye.

1. Cambrai est redevenu Archevêché avec Mgr Giraud.

Abbaye de Sainte-Marie-du-Mont.

« Art. 3. L'abbaye présentement érigée ne sera plus appelée du *mont des Cattes*, comme elle l'a été jusqu'à présent, mais se nommera *Sainte-Marie-du-Mont.* »

Le R. P. Stanislas de Septfons, Vicaire général de la congrégation de Rancé, fit don à la nouvelle abbaye d'une crosse en buis d'un travail très artistique, provenant de D. Germain, et qui fut offerte autrefois, croyons-nous, à D. Eugène, Abbé de Darfeld, par le baron de Droste. Ainsi la Flandre retrouvait définitivement une maison de Cîteaux : Saint-Marie-du-Mont réveille le souvenir des 27 monastères cisterciens que notre contrée avait possédés avant la Révolution : les Dunes, Loos, Marquette, Clairmarais, Beaupré, Ravensberg, Wœstync, etc. ; ainsi, par l'érection du mont des Cattes en abbaye, l'œuvre du peintre Ruyssen était consolidée. Le P. Athanase ne fut pas élu Abbé ; la communauté, tout en lui prodiguant son affection, redoutait sa grande austérité. C'était un rude saint, plutôt du XIIᵉ siècle que du nôtre. Mais il resta, dans sa charge de prieur, le bras droit du premier Supérieur et continua à exercer son zèle au double service de Dieu et du prochain, jusqu'au jour où il fut martyr de sa charité. C'était pendant le terrible hiver de 1870 ; les soldats de France allaient être moissonnés sur les champs de bataille ; lui aussi trouva la mort sur le champ de bataille du dévoûment chrétien. Il rentrait pour l'heure des vêpres tout inondé de sueur, le froid le saisit, une pleurésie se déclara. Le soir, il administrait un de ses frères ; le surlendemain, lui-même, muni des derniers sacrements, allait recevoir au ciel le prix de ses travaux. Toute la population des pays voisins assista aux obsèques de ce digne prieur qui possédait à un si haut degré l'estime et la vénération générales : les pauvres le regrettèrent longtemps.

Sainte-Marie-du-Mont porte pour armes : d'azur à une montagne d'argent que surmonte une ℳ de même, rayonnante d'or ; sa devise est :

Sicut aurora consurgens.

CHAPITRE X

Le 10 septembre 1814, naquit à Cassel, Dominique-Denis Lacaes, fils de Joones et de Anne-Thérèse Leurèle. Son père aimait à porter la décoration du Lys, récompense de sa fidélité au Roi. Engagé en 1794 dans le *royal émigrant*, il fut à Quiberon, d'où il parvint à s'échapper pour prendre du service dans un corps vendéen, dans lequel il resta jusqu'à la pacification. Un document officiel, conservé par le R. P. Dominique, qualifie son père d'ancien lieutenant des armées royales de l'Ouest. En quittant la Flandre, Joones Lacaes avait perdu sa petite fortune ; à son retour, il s'établit jardinier.

Un oncle du R. P. Dominique, Récollet à Cassel avant la Révolution, avait eu pour élève le général Vandamme, dont nous avons déjà cité le nom. L'élève gardait peut-être rancune au maître, disait D. Dominique, pour certaines corrections corporelles en usage à cette époque : après lui avoir accordé un passeport, il le fit arrêter à la frontière et mener à Béthune pour y subir la peine capitale.

Le petit Dominique montra de bonne heure des dispositions pour la vie intérieure : dès le collège de Cassel, puis au petit séminaire, il faisait ses délices du *Combat spirituel* et de l'*Imitation*[1]. Au grand séminaire, il évitait, l'hiver, de s'approcher du feu, on le voyait fort zélé pour l'entretien de la chapelle, enfin si pieux qu'on le regardait comme un saint. Il fut ordonné prêtre le 22 décembre 1838, et nommé aumônier à l'hôpital général de Lille, où il choisit l'abbé Bernard pour son directeur.

Bientôt assistant du curé de Sainte-Marie-Capelle, non loin du mont des Cattes, il y fit une retraite sous la direction du P. Athanase Itsweire ; il était dès lors décidé à se faire moine, mais certains empêchements retardaient l'exécution de son dessein. Nommé vicaire à Bailleul, il se livra à de telles macérations que sa robuste constitution en fut ébranlée durant plusieurs années. Alors, sur les conseils de son directeur, l'abbé Lacaes partit pour Tronchiennes, et commença son noviciat chez les Jésuites. Mais là n'était pas la place que lui destinait la Providence. Il en sortit et se rendit

1. Quand le P. Dominique devint Abbé, il emprunta le motif de ses armes et sa devise au chapitre XII du 2ᵉ livre de l'*Imitation* : Jésus portant sa croix avec les mots : *Tolle crucem tuam et sequere me.*

à Westmalle, alors maison-mère de la congrégation des Trappistes belges, et il y reçut l'habit sous le nom d'Augustin ; ce n'était pas encore le lieu de repos que le Seigneur lui avait préparé. Dominique le sentit et vint au mont des Cattes où il conserva, sous la chape de novice, son nom de baptême. M. Bernard lui écrivait : « Votre séjour chez les Jésuites vous aura servi beaucoup. Vous en avez emporté une grande estime pour leurs exercices spirituels, pour leur direction et pour leurs livres. »

Toute sa vie D. Dominique fut un homme intérieur : voici un souvenir de son noviciat, une note de direction : « Chaque vendredi, je m'examinerai sur ma fidélité à la dévotion au Sacré-Cœur et visites au Saint Sacrement, lectures spirituelles, régularité, présence de Dieu et constance à le chercher uniquement en tout. » Sa santé restait bien précaire et ce ne fut qu'en 1850, après un séjour forcé chez les Ursulines de Gravelines, qu'il se sentit délivré du mal qui mettait ses jours en danger. Il fit profession le 1er juillet 1842. Le P. Athanase lui confia la bibliothèque, et le fit bientôt son sous-prieur. Ces deux hommes avaient le même amour de Dieu, des âmes et de leur sainte vocation, mais le P. Dominique, plus doux, connaissait mieux le chemin des cœurs.

Le 30 juin 1847, sous la présidence du R. P.

D. Stanislas de Septfons, vicaire général, assisté de quelques ecclésiastiques des environs du mont des Cattes, le couvent procédait, selon l'antique usage, à l'élection de son Abbé. Lecture faite des passages voulus du *nomasticon*, de la *carte de charité*, du concile de Trente, de la Règle : *de ordinando abbate*, après les serments des notaires et des témoins sur les saints Evangiles, l'appel des électeurs, le chant du *Veni Creator*, après l'instruction du R. P. Président et le serment des scrutateurs, il fut procédé au scrutin par bulletins déposés dans une urne. La cérémonie, commencée à neuf heures, se termina à midi et demi par l'élection du R. P. Dominique, Abbé de Sainte-Marie. Il prononça aussitôt la formule d'acceptation. Désormais le temporel et le spirituel de la maison étaient sous sa direction, et le R. P. de Géramb, procureur, écrivant de Rome, félicitait le P. Prieur d'avoir échappé à cette lourde responsabilité. La bénédiction du nouveau prélat eut lieu le 1ᵉʳ juin 1848. Elle lui fut donnée par l'éminent cardinal Giraud, accompagné de M. Leleu, l'ancien supérieur du R. P. Lacaes au séminaire. D. Stanislas et D. François d'Assise, Abbé de Port du Salut, étaient les assistants. Pour bénir un Abbé, on suit absolument le cérémonial de la consécration d'un évêque, excepté le sacre lui-même. La montagne était couverte d'une foule immense accourue pour être témoin de ce beau spectacle. La cérémonie dura de 8 heures à 11 heures. On remarquait dans l'assistance un octogénaire vénérable qui, au banquet, fut placé auprès de Mgr Giraud : c'était M. Lacaes, le père de D. Dominique ; les traits du vieux chouan laissaient voir la profonde émotion de son cœur.

Le nouvel Abbé avait toujours été l'homme de la Règle : il continua à se trouver, à la tête de ses religieux, à tous les exercices ; chaque matin, au chapitre, il expliquait la Règle de saint Benoît avec non moins de science que d'onction ; il étendait avec un zèle prudent le règne de J.-C. dans l'âme de ses fils. Au premier coup de cloche, il quittait n'importe quelle occupation pour voler au chœur ; il lisait chaque jour l'Écriture Sainte à genoux. Il possédait au plus haut degré l'esprit de mortification : jamais il n'eut de feu dans son cabinet de travail, il se contentait au réfectoire de la portion commune, il s'infligeait de rudes disciplines. Son esprit de pauvreté lui faisait réaliser des prodiges d'économie. Par amour pour son état, il conserva toute sa vie sa coule de profession, et voulut qu'elle servît à l'ensevelir.

D. Dominique construisit les ateliers, et une chapelle sous le vocable de saint Constance pour les habitants du pays voisin ; elle fut plus tard rebâtie avec le quartier des étrangers, et les reliques du saint y furent déposées en grande pompe. D. Dominique acheva de meubler l'église, dont la construction avait été commencée par le P. Nil et par le P. Athanase. Cet édifice mesurait intérieurement 30 mètres de longueur, sur 10 de largeur, et avait sous voûtes une hauteur de 13 mètres. Il présentait extérieurement un aspect de fabrique romaine, grands murs avec jambes de force et percés sur chaque côté de trois larges baies en forme de demilunes. Au-dessus du petit porche on lisait, sous une statuette de la Sainte Vierge, les vers suivants :

> Nocte dieque tuis resonantem laudibus œdem
> Sacratosque tibi respice, Virgo, locos.
>
> Ista potens donis ecclesia vertice claro
> Ut luceat populis œdificata fuit.

D. Dominique plaça une statue de Notre-Dame dans la chapelle absidiale, et décora la nef de huit statues d'apôtres de grandeur naturelle. Cette église avait six autels. Les voûtes surbaissées, avec arcs doubleaux en anse de panier, la rendaient très sonore ; elle n'offrait rien de remarquable d'ailleurs au point de vue architectural. Après le P. Athanase, un des religieux les plus intimement unis au R. P. Abbé, fut son cousin, le bon P. cellérier Albéric Leurèle, qui prit l'habit en 1848. Doué d'un solide jugement, d'un caractère enjoué, cachant

de la finesse sous un air de bonhomie, le
P. Albéric était à la fois bon religieux et excellent homme d'affaires : au milieu des soins du
matériel, il sut exercer un véritable apostolat.
Il montra un mâle courage dans les infirmités
très pénibles qui accablèrent ses dernières
années, dans les accidents qui lui firent perdre
un doigt et subir une opération à la lèvre. Il
mourut en juin 1883, suivant de près son Supérieur dans la tombe.

Mentionnons encore sous le R. P. Dominique
deux hôteliers, tous deux du nom d'Augustin.
Le premier, déjà nommé, entré en religion
en 1826, et mort en 1859, était atteint d'un mal
affreux qui nécessita de fréquentes amputa-
tions. Il ne lui resta bientôt plus que la moitié
du corps ; mais dans cette misérable enveloppe
vivaient une âme pleine de ferveur, un cœur con-
tent, un esprit animé de la plus franche gaîté.
Le second hôtelier du nom d'Augustin édifia
pendant treize ans le quartier des étrangers : sa
parole était grave et mesurée, son visage émacié
était à lui seul toute une leçon que rendait plus
pénétrante la céleste douceur de son sourire ; il
avait la modestie, la charité enfin, — et dans un
degré éminent, — toutes les vertus qui font les
véritables saints. Il mourut en 1874.

En décembre 1882, le R. P. Dominique,
épuisé par sa longue vie de pénitence, était

atteint d'un asthme et de la maladie que la science appela « hydropéricardite », avec enflure et ulcération des membres inférieurs. Malgré ses infirmités, il officia aux fêtes de Noël et à celles de la fin de l'année ; ce fut pour lui, dans son état, une fatigue excessive qui acheva de le réduire. Dans la nuit du 1er au 2 janvier 1883, après avoir entonné le *Te Deum*, le R. P. se disposait à lire, sur un pupitre préparé près de sa stalle, l'évangile du jour de l'Octave de saint Étienne, quand il s'affaissa épuisé, tombant ainsi, comme un vaillant soldat du Christ, *bonus miles Christi*, les armes à la main. Cette scène saisissante a inspiré à M. de Coninck, de Meteren, un tableau où son talent a su s'élever à la hauteur de ce sujet plein de grandeur.

Une fois encore, après cette défaillance, le R. P. Abbé se fit transporter au chapitre, et le texte de sa dernière instruction fut : *Non nobis, Domine, non nobis, sed nomini tuo da gloriam.*

Le jeudi, il avait présidé lui-même aux préparatifs de son administration ; avant de monter au dortoir, chaque religieux avait reçu de ce père vénéré un avis particulier et la bénédiction suprême. Le lendemain, premier vendredi de l'année, à l'heure où les prêtres allaient commencer leur messe, D. Dominique remettait son âme à Dieu. A ses funérailles, qui eurent lieu le 8 janvier, tout le pays montra en quelle

estime il avait ce digne prélat. M. Coubronne,
archiprêtre de Bailleul, délégué de Mgr Duquesnay, prononça l'éloge du défunt et prit pour
texte : *In memoria æterna erit justus.* Il établit
un parallèle frappant entre la mort de ce juste
et celle de Gambetta (31 décembre 1882). Ce
persécuteur de l'Église, formé et instruit dans
les séminaires catholiques, mourut, comme
Voltaire, entouré d'amis ennemis de son âme :
« J'aperçois deux tombes, dit l'orateur sacré;
» sur l'une, le sombre désespoir est assis et re-
» garde la terre; sur l'autre, se tient debout
» l'espérance qui sourit et regarde le ciel ». Plus
éloquente que la forte parole du distingué pré-
dicateur, la vue du défunt [1], dormant sur sa
civière le sommeil des saints, la face éclairée
des rayons naissants de la béatitude, mettait à
son comble l'émotion des assistants. Après les
cinq absoutes données par le R. P. Abbé de
Saint-Sixte, le corps fut porté au cimetière par
huit prêtres séculiers en aube et étole. Les
usages liturgiques de Cîteaux, si touchants dans
leur majestueuse simplicité, s'accomplirent :
on ramena le capuce sur le visage du mort
descendu dans la fosse, lui laissant sa croix
pectorale et sa crosse de bois noir; la terre coula
peu à peu sur ses pieds, puis le couvrit entièrement. Son modeste monument rappelle sa

---

1. *Defunctus adhuc loquitur.*

dignité d'Abbé et ses quarante et un ans de profession. En 1896, par suite de la reconstruction du monastère, le cimetière fut déplacé, et toutes les tombes ouvertes. D. Dominique fut revu ; les vêtements étaient en lambeaux, les chairs consumées, la croix encore suspendue au cordon, la crosse brisée. Actuellement ses restes reposent près de la chapelle centrale de l'abside, et les moines vont s'agenouiller au pied de la croix de pierre de leur premier Abbé, vrai modèle de régularité, bon sergent du Christ dans son abbaye[1] ; ils prient pour lui et surtout l'invoquent comme un puissant protecteur.

1. *Abbas Christi vices agere creditur in monasterio.* Reg. Sancti-Bened.

CHAPITRE XI

Henri Wyart est né à Bouchain, le 12 octobre 1839, d'une famille honorable et foncièrement catholique. Il avait pour oncle le général Hugot, qui, après trente-deux ans de séjour en Afrique, se trouva tellement brisé par la fatigue et le climat que tous les remèdes furent impuissants à le rétablir. Un autre oncle de H. Wyart, l'abbé Wyart, curé de Mazinghien, une sorte de colonel en soutane, fit le voyage de Constantine pour ramener le général malade, moribond. Le voyage, la traversée surtout furent pénibles. Arrivé au presbytère de son beau-frère, le soldat chrétien ne survécut que huit jours. Il pressa lui-même le curé de lui donner les derniers sacrements et, plein de foi et de confiance, il alla recevoir le prix de sa vaillante vie. Le pasteur de Mazinghien fit ériger, dans son église, un monument artistique à ce brave officier.

Quand M. l'abbé Wyart était vicaire, à Templeuve, de M. le doyen Despretz, mort cardinal de Toulouse, il avait pour collègue M. Delannoy, depuis évêque d'Aire. C'est au milieu de cette société d'élite que le jeune Henri commença ses études latines, sous la direction de son oncle. « Quel dommage, dira plus tard l'Archevêque de Toulouse à Henri devenu Abbé du mont des Cattes, d'avoir laissé votre digne oncle dans sa petite paroisse, lui qui aurait si bien porté la mître ! » Et, de fait, l'évêché de Constantine lui fut proposé par le maréchal Niel ; mais, comme le bon curé de Châteaubriand dans le « Génie du Christianisme », il a vieilli au milieu de ses ouailles : il était non seulement pasteur, mais un vrai père spirituel de tous ses paroissiens, les ayant tous ou baptisés ou mariés. C'est au milieu d'eux qu'il finit sa carrière, en 1894, regretté de sa famille, de ses amis, et de cette paroisse qui le vénérait.

Au collège de Valenciennes, au petit séminaire, Henri se distinguait par un entrain un peu trop martial. Il avait divisé la cour en deux camps, et les récréations se passaient en combats. Il préludait ainsi à ses futurs exploits. Dans une comédie, on le vit jouer avec grand succès le rôle de chef de brigands. Il montrait par ailleurs du jugement, un esprit ouvert, mais on lui trouvait, pour un aspirant au sacerdoce, des allures un peu militaires. Henri avait terminé sa rhétorique. Mgr Monnier, alors supérieur du séminaire, envoya Wyart au collège de Tourcoing avec l'office de surveillant. M. le principal était averti que l'abbé Wyart, — car il avait alors la soutane, — « était un homme de caractère, capable, distingué, non sans influence ». Longtemps après, Mgr Monnier, évêque de Lydda, visitant le mont des Cattes, rappelait aux religieux le souvenir des deux camps du séminaire et ajoutait :

« Il commandait dès lors à merveille, et je ne doute pas qu'il ne soit parfaitement à sa place dans la supériorité que vous lui avez dévolue. »

Il n'y a pas lieu de s'étonner qu'un caractère comme celui de Wyart ait répondu avec enthousiasme à l'appel que Pie IX faisait aux gens de cœur en 1860. Il s'engagea un des premiers aux Franco-Belges. Laissons ici parler un de ses compagnons d'armes : « Au mois de mai 1860, » sur les pas de Lamoricière, de Becdelièvre et » de Charette, quatre cents Français accouru- » rent à Rome : ils allaient, suivant l'admirable » parole de Mme la duchesse de Parme, tous en » héros défendre un saint.

» Au nombre de ces volontaires de la liberté » catholique et du trône pontifical, il en était » un, venu du fond de la Flandre, portant allè- » grement le fardeau de ses vingt ans, figure » brune aux traits virils, au regard expressif et » résolu, causeur charmant, ami sûr, catholique

» de foi robuste, soldat modèle, toujours le
» premier au devoir.

» Je l'aimai d'une affection fraternelle, et sans
» le lui avoir jamais dit, comme un précieux et
» vivant exemple. On ne pouvait le quitter sans
» se sentir meilleur et plus fort, tant sa parole
» calme et douce reflétait de noblesse et de
» bonté d'âme : on sentait qu'en venant se faire
» soldat du Pape, il avait fait devant Dieu, dans
» le pieux mystère de son cœur, le sacrifice de
» sa jeunesse, de son avenir et de sa vie.

» A Castelfidardo, sur la colline des Crocettes,
» après avoir fait le signe de la croix, il marcha
» à l'ennemi, le front haut, le regard brillant,
» gravement, bravement, prêt à paraître devant
» le Dieu des Machabées s'il voulait le prendre
» dans sa gloire, comme il prit ce jour-là Gaston
» de Plessis de Grénédan, Joseph Guérin et
» tant d'autres héros. Si le zouave de Crimée,
» le premier soldat du monde, les eût vus
» charger à la baïonnette un contre vingt, il
» eût dit s'ils avaient usurpé le nom de
» zouaves !

» Les blessés furent transportés à dos de
» mulets, en cacolet, à une ambulance provi-
» soire établie en plein soleil ; puis, après les
» premiers pansements, les Piémontais les his-
» sèrent dans des fourgons d'artillerie, et... en
» route pour l'église de Castelfidardo ! Il y avait

» là sur la paille une cinquantaine de blessés :
» Hippolyte de Moncuit, R. Iolys, etc., et celui
» qui écrit ces lignes. Quand je repris connais-
» sance, j'étais cahoté durement sur la banquette
» du fourgon et, près de moi, dans un flot de
» sang, je vis, le bras en écharpe fracassé par
» une balle et le cou traversé par une baïonnette,
» cet ami que je chérissais, je l'ai dit, d'une
» affection fraternelle. Il avait vu la mort de
» près, mais elle n'avait pas voulu de lui. L'im-
» pression de ses traits me frappa vivement : ils
» étaient comme baignés d'un lumineux sou-
» rire : on y lisait clairement la mâle satisfac-
» tion du devoir accompli et je crus entendre en
» le contemplant l'hymne des fils de Mathatias :
» il vaut mieux que nous mourions les armes
» à la main que de voir la ruine de notre patrie
» et la destruction de nos autels. »

Quelques mois après, Wyart était à Paris
chez M. Keller, le vaillant député catholique,
et le chirurgien songeait à amputer ce bras qui
devait encore manier l'épée, et supporter ensuite
le poids de la crosse. Bouchain, Tourcoing, etc.,
revirent le glorieux soldat, et partout on lui fit
grande fête.

Mais le Pape rappelait ses défenseurs. Le
sergent Wyart reprend son poste, la vie de
garnison lui offre ses tentations qui réclament
d'autres luttes et d'autres victoires, en attendant

les luttes du cloître contre l'amour-propre sous les armes de l'obéissance bénédictine.

En 1867, l'invasion garibaldienne le trouva lieutenant. A Bagnorea, il s'agissait de s'emparer du couvent de San Francisco. Charette raconte ainsi cette attaque : « Lorsque les zouaves, con-
» duits par le capitaine Le Gonidec, les lieute-
» nants Wyart et Jacquemont, qui donnaient
» l'exemple du plus brillant courage, s'appro-
» chèrent de ce vaste bâtiment, ils furent accueil-
» lis par une fusillade nourrie, mais heureuse-
» ment mal dirigée, partant de toutes les fenêtres
» et de toutes les meurtrières. Une grêle de
» balles sifflaient autour d'eux pendant qu'ils
» enfonçaient la porte à coups de crosse, et l'on
» voyait à leur tête un soldat de Castelfidardo,
» le sous-lieutenant baron de Mirabel, qui dès le
» début de l'action avait eu le bras gauche tra-
» versé d'une balle, et n'avait cessé de combat-
» tre. Pâle, sanglant et le bras en écharpe, ce
» brave officier frappait à coups de hache redou-
» blés les ais qui commençaient à se disjoin-
» dre. Enfin la porte céda, et les zouaves se
» précipitèrent dans le couvent. Les premiers
» garibaldiens rencontrés périrent sous leurs
» baïonnettes ; les autres, épouvantés, jetèrent
» leurs armes en demandant grâce à genoux.
» Parmi eux se trouvait le chef de la bande,
» le comte Pagliaci, qui prenait le titre de

» général, et se rendit au lieutenant Wyart
» avec cinquante-six hommes. »

A Mentana, à la porte Pia, à Patay, le lieutenant, le capitaine adjudant-major Wyart reste
le militaire si bien peint dans les lignes que
nous avons reproduites. Toujours un grand
signe de croix, et... en avant! En Italie, en
Bretagne, partout on admirait cet officier, un
des plus brillants et des plus sympathiques de
ce corps d'élite. La guerre de France terminée,
la croix d'honneur vint briller pour lui à côté
des ordres pontificaux et des médailles de 1860,
1867 ; mais Wyart venait de prendre un uni-
forme nouveau, et l'étoile au ruban rouge n'a
jamais décoré sa poitrine.

Déjà, n'étant que sous-officier, Henri avait
annoncé dans une lettre à une de ses cousines
« qu'après les affaires, les portes d'un couvent
« se refermeraient sur lui ». Il avait plusieurs
fois refusé des situations avantageuses que le
siècle lui offrait. La Providence réservait un
nouveau genre d'immolation à cette victime
pure et généreuse. Quelque temps, il hésita
entre Jésuites, Chartreux, Trappistes. Bref,
il part pour Saint-Acheul ; à Lille, voici un
arrêt, le premier train part pour Hazebrouck,
il y monte, et se dirige vers le mont des Cattes :
c'était là que le voulait le bon Dieu, qui avait sur
lui de grands desseins. Le bon R. P. Domi-

nique reçut ce beau capitaine à bras ouverts, et lui affirma sans hésiter qu'il était destiné à la vie cistercienne de la Trappe. Wyart laissa son épée et ses croix à M. Leblanc, son cher Principal de Tourcoing, qui l'accompagna à son entrée définitive au couvent. « Il sera mon successeur, » lui confia le P. Abbé. La prédiction se réalisera douze ans plus tard.

Après ses deux ans de noviciat, le capitaine Wyart, qui avait reçu le nom du prétorien Sébastien, fut nommé hôtelier et charma tous les visiteurs par les qualités que nous lui savons.

En 1875, le R. P. D. Jean de Durat, vicaire général, visitait Sante-Marie-du-Mont, et arrêtait que le P. Sébastien ferait ses études théologiques à Rome. Il alla donc revoir sa chère Ville Eternelle et son bien-aimé Pie IX. Le Souverain Pontife le reçut comme un fils : il le retenait dans de longues audiences, lui donnait ses conseils, l'obligeait à suivre le grand cours de théologie, lui témoignait son amitié en le tutoyant familièrement et en lui faisant de petits cadeaux. Un jour, il tira de dessous sa soutane sa médaille de l'Immaculée-Conception et la céda au moine en disant : « Mais as-tu le droit de la porter ? elle est en argent. — Assurément, répond l'ancien soldat du Pape, si Sa Sainteté me dit de la porter. » — Une autre fois, après une causerie politique : « Comment, tu es trappiste et tu fais de la politique? — Très Saint Père, avec le Vicaire de Jésus-Christ, toutes les conversations sont sanctifiées. »

Pie IX appuyait beaucoup sur la nécessité de faire de solides études dans les monastères. D. Sébastien s'en souviendra et, devenu Général, il ordonnera en 1894, à tous ceux qui doivent devenir prêtres, de se livrer aux études de morale, de dogme, de droit canon; à tous, moines et novices de chœur, de prendre part à des conférences mensuelles sur la Sainte Ecriture : les prêtres auront aussi chaque mois une conférence sur la théologie. De plus, quelques étudiants, choisis dans l'ordre, suivront les cours des universités romaines pour y prendre leurs diplômes de licenciés ou de docteurs. C'est surtout dans le but de former un collège cistercien que le Révérendissime Père Général négocie actuellement l'acquisition de la maison de Sainte-Croix de Jérusalem.

Le P. Sébastien demeura dans la Ville Éternelle jusqu'en 1880, année où fut rendu le décret d'expulsion. A cette époque, D. Dominique avait envoyé dans les maisons de Belgique tous les Religieux et Frères d'origine étrangère; le mont des Cattes était en détresse[1]. Dans d'autres

1. Sainte-Marie-du-Mont ne peut oublier le dévouement de ses amis en ces moments pénibles: MM. B. de Jenlis, Arnould et autres, passèrent huit jours au quartier des hôtes, en attendant les crocheteurs qui heureusement ne se présentèrent pas.

circonstances, on aurait fêté le retour du P. Sébastien, décoré maintenant du bonnet de docteur en théologie ; mais il s'agissait alors d'organiser un départ, de chercher un refuge, de faire face aux circonstances critiques. L'ancien officier venait à propos pour rendre un peu de force et de joie au R. P. Abbé, brisé de fatigue et accablé de soucis. Il envoya son cher fils à la recherche d'un abri en Belgique ou en Hollande.

Parti du mont des Cattes le 20 novembre, le Père trouvait, en la fête de l'Immaculée Conception, les fermes royales de Tilbourg : Koningshoven, domaine jadis de Guillaume II, orné de magnifiques avenues et situé dans une complète solitude. Le tout était remis aux Cisterciens pour trois ans sans redevances, avec faculté d'acheter à l'expiration de ce temps. Trois sujets de Sainte-Marie-du-Mont étaient partis quelque temps auparavant pour le cap de Bonne-Espérance, où l'Ordre possède sa colonie la plus florissante ; trois autres furent dirigés vers Tilbourg : nous raconterons à part cette intéressante fondation.

A son retour de Hollande, le P. Sébastien fut nommé prieur de Sainte-Marie-du-Mont. Afin de nourrir la piété des religieux et de favoriser les dévotions particulières, le P. prieur demanda et obtint de placer dans des lieux accessibles à tous, les statues du Sacré-Cœur, de Notre-Dame du Sacré-Cœur, des fondateurs de l'Ordre de

Cîteaux, de la Bienheureuse Julienne du Saint-Sacrement, morte cistercienne, de saint Benoît-Joseph Labre, de sainte Gertrude la Grande. Il obtint aussi l'autorisation de brûler plus de six cierges à l'autel quand le Saint-Sacrement serait exposé ; enfin, pour favoriser le goût de l'étude sérieuse, il munit de plusieurs ouvrages de fond la bibliothèque du chapitre [1]. Le monastère du mont des Cattes avait échappé aux mesures d'expulsion, et les novices affluaient ; tout prospérait, et D. Dominique trouvait une grande consolation dans la présence de son cher P. Prieur et ressentait une joie paternelle de l'heureux état de la maison.

[1]. A Sainte-Marie du-Mont, la salle capitulaire est en même temps la salle de lecture et le scriptorium des moines, et c'est aussi au chapitre que se fait la lecture d'avant Complies, et que se trouve *la bibliothèque* dite régulièrement *du cloître* ou *boîte aux livres*.

CHAPITRE XII

Quand D. Dominique eut rendu le dernier soupir, on dut, pour satisfaire la vénération du peuple, porter sa dépouille dans la chapelle extérieure de Saint-Constance, où elle resta exposée deux jours. Le soir du premier jour, après que les séculiers se furent retirés, la communauté veillait auprès du corps. Le P. Prieur, s'adressant à son Abbé, lui promit au nom du couvent que tous resteraient les fidèles observateurs de ses avis, les imitateurs de sa parfaite régularité et de toutes les vertus monastiques dont sa longue carrière leur laissait en héritage un si bel exemple. D. Sébastien, Abbé, ne démentira pas ce langage.

Le 30 janvier 1883, vingt et un votants se réunissaient au chapitre du mont des Cattes sous la présidence de D. Jérôme, Abbé de Septfons, Vicaire général, et nommaient à l'unanimité D. Sébastien, Abbé de Sainte-Marie. La bénédiction du prélat élu fut retardée jusqu'au 26 août. M. le chanoine Leblanc a retracé le

tableau de cette fête : « Elle fut intime, et des
» considérations particulières empêchèrent de
» lui donner tout l'éclat qu'elle méritait. D'ail-
» leurs la mort récente du Roi avait jeté sur
» cette solennité un voile funèbre qui en aurait
» dénaturé la réelle physionomie... Mgr Du-
» quesnay, arrivé la veille au soir au monas-
» tère, présidait la cérémonie.

» Le lendemain, accompagné du vicaire géné-
» ral le chanoine Mortier et de l'archiprêtre de
» Bailleul, M. Coubronne, il inaugurait dès huit
» heures du matin la cérémonie par la proces-
» sion et les prières d'usage.

» Dans l'assistance, outre les deux Abbés
» mitrés assistant le R. P. D. Sébastien : à
» droite D. Jérôme, Abbé de Septfons, et à
» gauche D. Benoît, Abbé de Westmalle, on
» remarquait dans les stalles des Religieux les
» Abbés de Saint-Sixte, de Chambarand, de Port-
» du-Salut, de la Double, les Prieurs de Maria-
» stern, de Reichicha, de Tamié, de Konings'-
» hoven, M. le chanoine Leblanc, M. le chanoine
» Pruvost, le digne curé de Mazinghien
» M. Wyart, d'anciens zouaves pontificaux et
» quelques amis dévoués de la maison.

» Ceux qui ont connu Wyart, le brillant
» capitaine des zouaves, qui l'avaient vu à la
» promenade militaire, aux manœuvres et au
» champ de bataille, reconnaissaient son allure

» décidée, précise, toujours aisée sans cesser
» d'être noble et distinguée. C'est bien l'ancien
» officier, l'un des plus beaux de ce corps d'élite
» qui en comptait tant d'autres !

» Quand on vit le nouvel Abbé revêtu de ses
» insignes, don de ses anciens camarades du
» régiment, le bâton pastoral à la main, la mître
» en tête, se diriger avec dignité vers sa stalle ;
» quand, assis au degré du presbytère, il reçut
» avec aisance et bonté les hommages des
» membres de sa communauté qui venaient
» tour à tour s'agenouiller à ses pieds, baiser
» son anneau et recevoir son accolade ; quand,
» en parcourant l'église, il donnait à droite et à
» gauche ses premières bénédictions solennelles
» et qu'enfin, à l'issue de la messe et de la céré-
» monie, il entonna les paroles de la bénédiction
» pontificale avec cet accent, cette attitude qui
» n'appartiennent qu'à lui, des larmes rempli-
» rent les yeux, et plus d'un ancien zouave se
» rappelait instinctivement les beaux jours et la
» noble figure de l'immortel Pie IX. »

Au banquet, le R. P. Sébastien porta un
toast à son Archevêque : « Permettez-moi, Mon-
» seigneur, dit-il d'une voix ferme, en mon
» nom, au nom de mes fils, de mes parents et
» de mes amis, assemblés ici autour de vous,
» d'exprimer à Votre Grandeur les sentiments
» que nous éprouvons en vous voyant dans

» notre monastère pour une circonstance aussi
» solennelle. Votre présence, Monseigneur, est
» pour nous tout à la fois un honneur, un bon-
» heur, une grâce et une leçon ». Il développa
ces divers points, et expliqua ainsi le dernier :
« Une leçon enfin, car nous avons appris de
» vous avec quel respect il faut traiter les choses
» de Dieu ! Vous étiez à peine arrivé hier soir
» parmi nous, Monseigneur, que malgré les
» fatigues d'une excursion laborieuse, vous avez
» voulu, avant de prendre votre repos, revoir les
» prescriptions du cérémonial, et vous dites
» avec sainte Thérèse : Je donnerais jusqu'à la
» dernière goutte de mon sang pour sauve-
» garder la plus petite observance des rubri-
» ques établies par l'Eglise. Nous mettrons
» à profit de telles leçons, Monseigneur, et
» pour vous témoigner notre reconnaissance,
» nous nous efforcerons d'être de plus en plus
» les dignes serviteurs et les zélés défenseurs
» de Dieu et de la sainte Eglise ! Nous tra-
» vaillerons à acquérir, par les moyens qui
» sont dans nos mains, le seul but digne de
» la vie, le ciel, où tendent tous nos vœux ! »
Dans sa réponse, Mgr Duquesnay fut homme
éloquent et de grand cœur : « Mon Révérendis-
» sime Père Abbé, dit-il, pour un homme qui a
» fait vœu de garder un silence perpétuel, il faut
» avouer que vous savez, quand vous le voulez,

» faire un bel usage de la parole ; mais après
» tant d'autres sacrifices, celui-ci n'a rien
» d'étonnant... » Puis il rappela le saint Père
Dominique, et assura que son souvenir serait
pour lui une protection et un enseignement ;
qu'il conserverait le portrait du vénérable
Religieux dans son cabinet de travail. Enfin, Mgr l'Archevêque formula l'espoir que
D. Sébastien remplacerait ces salles trop
étroites par une abbaye qui serait l'orgueil des
Flandres.

« A tant d'autres titres, remarque M. Leblanc
» dans son *Histoire du collège de Tourcoing*,
» réunis en la personne du nouvel Abbé, lui-
» même a voulu ajouter la protection spéciale du
» Sacré-Cœur ! En voyant ce signe d'espérance
» briller sur les armes de D. Sébastien, en lisant
» la devise : *Trahe nos*, qui en donne la signifi-
» cation profonde, on peut tout attendre d'un
» homme qui ne s'est donné à Dieu que pour
» travailler plus efficacement au triomphe de
» l'Eglise et au relèvement social de la France,
» seuls objets dignes d'occuper un cœur catho-
» lique et français. »

Le Révérend Père Sébastien, aussitôt qu'il fut
Abbé, s'appliqua à remplir les grands devoirs de
sa charge. Il suivit de près tout ce qui concerne la
direction des religieux, les excitant à la vie intérieure et d'oraison, encourageant les dévotions,

poussant aux études, faisant donner aux jeunes religieux des cours sur diverses matières.

Aux postulants qui se présentaient, le nouvel Abbé s'efforça d'inculquer profondément la formation cistercienne. Grand et excellent cœur, esprit large, il aimait la lettre de la règle, mais ne la considérait que comme la gardienne de la ferveur, mettant la piété au-dessus de tout le reste ; il cherchait à placer chacun de ses sujets dans la sphère d'action qui lui seyait le mieux ; il ne croyait pas que les fondateurs de l'Ordre eussent voulu imposer le travail manuel exclusivement et à tous, ce qui ne l'empêchait pas d'avoir un véritable amour pour ces occupations qui matent à la fois les désirs de la sensualité et les soulèvements de la vanité.

Mais l'histoire montre que le travail manuel et l'étude ont toujours été unis dans les monastères : Cîteaux, comme Cluny, n'aurait pas fourni à l'Eglise et à l'Etat tant de serviteurs éminents, si le cloître ne leur avait procuré une sérieuse préparation intellectuelle. A Cîteaux, une partie des Religieux s'occupait à copier des manuscrits, à composer de nouveaux ouvrages ; saint Bernard trouvait autour de lui des secrétaires qui recueillaient et nous conservaient ses sermons, et qui nous ont laissé eux-mêmes des œuvres dignes de leur maître. D. Sébastien voulait qu'on aimât la lecture spirituelle, qu'on

7

s'appliquât à la théologie, ce fondement nécessaire de la solide spiritualité.

Il avait à façonner non-seulement des moines.
mais aussi des directeurs d'âmes, et, à cette fin,
lui-même ne dédaigna pas de se faire un moment professeur.

Sainte-Marie-du-Mont désirait conserver un
Abbé aussi distingué, doué de qualités si rares,
mais il avait une mission plus haute à remplir.
Le mont des Cattes n'eut pas le bonheur de
posséder longtemps le P. Sébastien. Nous le
verrons sérieusement malade et confiné dans sa
chambre durant de longs mois ; puis, à moitié
rétabli, appelé à un rôle plus important sur un
théâtre plus étendu.

Le Révérendissime D. Sébastien Wyart, Abbé général
des Cisterciens réformés.

CHAPITRE XIII

I. *Notre-Dame de Konings'hoven.* — Outre Saint-Sixte, le mont des Cattes a fondé Konings' hoven et Saint-Calliste. Le refuge que le Père Sébastien, au moment des expulsions, avait trouvé en Hollande, appartenait à la famille Houben de Tilbourg, et conservait le nom de fermes du Roi. Les bâtiments consistaient surtout en une vaste bergerie, le Shaapskooi et deux petites métairies avec 50 hectares de terrain. Les moines recevaient le tout pour trois ans à titre gracieux. Le Père Sébastien avait séduit les habitants de Tilbourg par les agréments de sa société et de sa conversation et les avait amenés, par le tableau qu'il leur fit de son Ordre, à vouloir posséder sur leur paroisse un monastère en règle. Le Père Jérôme, sous-prieur du mont des Cattes, avec les PP. Nivard et Raymond et quelques Convers — ensemble huit personnes — y commencèrent la vie régulière : deux autres Pères bientôt se joignirent à eux. Nous retrouverons plus tard le P. Jérôme prieur, puis Abbé de Sainte-Marie-du-Mont.

Le R. P. de Beer, fondateur des P. P. et F. F. de la Miséricorde à Tilbourg, avait fait un chaleureux accueil à la communauté naissante, aidé à son installation, bénit l'oratoire et les lieux réguliers. Malgré ses infirmités, pouvant à peine marcher, Dom Dominique était venu, et il assista dans son fauteuil à la cérémonie. Il put cependant rehausser la fête en célébrant la messe avec mître et crosse. Cette fondation reçut quelque accroissement et le chapitre de 1883 lui donna le titre de prieuré et D. Nivard pour Supérieur titulaire. Ce Supérieur avait construit une brasserie, augmenté la ferme, et sa communauté recevait de nombreux postulants, quand il fut désigné pour prendre le gouvernement d'un monastère dans la Croatie. Le P. Nivard céda celui de Tilbourg au P. Willibrord en 1890. La maison continua à prospérer au temporel comme au spirituel; elle était devenue capable de recevoir le titre d'Abbaye. La Congrégation des Réguliers ayant examiné la question conclut à faire du P. Prieur un Abbé; par un bref spécial, le Souverain Pontife nomma D. Willibrord prélat de Konings'hoven, le chapitre général ayant consenti à son élection. C'était le 11 avril, et la bénédiction abbatiale eut lieu à Rome le 25 du même mois. Le 27 juillet, le nouvel Abbé était installé à

Tilbourg par son Père Immédiat Dom Jérôme.

En 1891, les religieux de Konings'hoven ont commencé la construction d'une vaste abbaye. Elle peut, en effet, abriter deux cents moines. Le 17 septembre 1894, eut lieu la consécration de son église, en présence des membres du chapitre général qui fut tenu cette année à Tilbourg. Le lecteur se souvient qu'à cette époque le P. D. Sébastien était Révérendissime Abbé général des Cisterciens réformés. Nous empruntons à la *Revue Cistercienne* d'Hautecombe le récit de cette solennité :

« Le dimanche 16, dans l'après-midi, une
» soixantaine de zouaves pontificaux, enfants
» de Tilbourg et des environs, vinrent, sous la
» conduite des lieutenants Loymans, Wil, Ars
» et Scheepaels, apporter au Révérendissime,
» leur ancien capitaine, le témoignage de leur
» inaltérable et respectueux attachement. Ils
» portaient fièrement la bannière pontificale.
» M. Ars prit la parole au nom de tous, en
» des termes pleins d'affection et de délicatesse.
» Il n'oublia pas les absents dont les restes
» reposent à Mentana.

» Quand le Général voulut répondre, les lar-
» mes lui étouffèrent longtemps la voix. Gagnés
» par l'émotion, plusieurs des assistants se
» mirent aussi à pleurer devant ces braves dont
» le dévouement n'a pas été couronné de succès

» ici-bas, devant cette bannière en velours rouge
» de sang qui rappelait Mentana, Rome, Pie IX
» et la captivité de Léon XIII.

» Bientôt arrive le prélat qui doit présider la
» cérémonie du lendemain, S. G. Mgr Guil-
» laume de Van de Ven, évêque de Bois-le-Duc.

» Les cloches font entendre leur délicieux
» carillon dans les hautes tours de la nouvelle
» église. La communauté, suivie des quarante
» Pères capitulants, se rend à l'entrée de l'abbaye
» pour recevoir Sa Grandeur et la complimenter.
» *Haec castra Dei sunt*, lit-on sur le portail, que
» précède un bel arc-de-triomphe. Et en effet,
» les silhouettes crénelées fréquemment répétées
» sur les diverses parties des bâtiments claus-
» traux et des dépendances de l'abbaye, les clo-
» chers, les tourelles, dans ce style gothique
» sévère que nos Pères nous ont légué, donnent
» un véritable aspect de forteresse à cette de-
» meure monastique : *castra Dei*. Peu d'orne-
» ments, mais en retour de grandes lignes, de
» beaux profils.

» La procession pénètre dans les cloîtres, dont
» on admire les belles proportions, à la fois
» élégantes et imposantes. Chacun des deux
» plus grands côtés mesure 70 mètres et les
» deux autres 50.

» ..... La consécration ne se donne pas indif-
» féremment à tous les édifices sacrés, mais seu-

» lement à ceux qui se distinguent par leurs
» proportions et leur beauté. Or on peut dire
» que l'église abbatiale de Konings'hoven est
» de ce nombre. Un *atrium* flanqué de deux tours
» hautes de 50 mètres en précède l'entrée. C'est
» là que, revêtu de ses ornements les plus
» somptueux, le Prélat consécrateur accomplit
» les premiers rites et qu'on récite les prières
» préparatoires....... Trois fois l'évêque fait pro-
» cessionnellement le tour des murs extérieurs
» de l'Église en les aspergeant d'eau bénite.
» Mgr Janssen, archevêque de la Nouvelle-Or-
» léans (Amérique), enfant de Tilbourg, trente
» autres Prélats mîtrés, nos Abbés capitulants,
» une foule de dignitaires ecclésiastiques, de
» curés, de vicaires, de moines et de fidèles com-
» posent cette procession. Jamais peut-être,
» depuis le moyen âge, la terre de Hollande
» n'avait vu pareille pompe religieuse.

» Les portes de l'église sont enfin ouvertes.
» Le Pontife et toute la procession y pénètrent
» à la suite des reliques des saints Eustache
» et Maximien martyrs, qu'on va sceller
» dans la table de pierre du maître-autel. La
» basilique nous apparaît alors dans toute sa
» splendeur, ruisselante de jeunesse. Sa nef
» mesure 11 mètres de large sur 80 de long et
» 17 d'élévation sous voûtes, et se termine au
» chevet par sept chapelles rayonnantes. De

» nombreuses fenêtres géminées, très élancées,
» s'ouvrent depuis le sommet des stalles jus-
» qu'à la naissance des voûtes, et donnent au
» sanctuaire un aspect grandiose. Le jubé,
» d'un goût parfait, est conçu dans le même
» style ; il coupe l'église en deux parties égales,
» mais les vastes pórportions de son ouverture
» permettent de voir aisément, du bas de
» l'église, les cérémonies de l'autel. Sous le
» jubé est installé un orgue d'une excellente
» facture.

» Les stalles du chœur, en bois de chêne, sont
» un des morceaux les plus remarquables, tant
» par leur disposition heureuse que par la ri-
» chesse du travail. Sur chacun des panneaux
» des dossiers, un saint de l'Ordre est représenté :
» c'est une vraie litanie cistercienne sculptée sur
» bois. Ces stalles ont coûté, dit-on, 60.000 francs
» et ont été données par les parents d'un Reli-
» gieux mort en odeur de sainteté.

» ..... Un peu plus tard, dans le vaste réfec-
» toire cistercien, divisé en trois nefs par deux
» rangées de colonnes monolithes qui suppor-
» tent les voûtes, une table de 300 couverts
» réunissait, sous la présidence de Mgr l'Évê-
» que diocésain, les RR. PP. capitulants et
» une société d'élite... »

Le Religieux mort en saint dont il est parlé
ci-dessus, s'éteignit doucement, le 21 septembre

1892, après avoir prononcé ses vœux sur son lit de mort.

« Il s'appelait en religion F. Louis-Marie de » Gonzague et appartenait à la famille de Rijc- » kevorsel, mais sa vraie noblesse était dans » son caractère. Ses qualités extérieures, son » intelligence, sa fortune lui permettaient d'ou- » vrir sa voile bien grande à toutes les espé- » rances légitimes. Il ne vit dans ces avantages » qu'un danger de plus et, à l'exemple du bien- » heureux Humbert, Abbé d'Igny, il préféra » *imposer à son noble cou le joug de la sujétion* » *et de l'obéissance religieuse : quia nullum col-* » *lum nobile nisi flexibile,* dit le grand Exorde » de Cîteaux.

» A partir de ce jour, il s'élança dans la voie » des préceptes monastiques, si bien qu'on a pu » lui appliquer ce qui a été dit de saint Bernard : » *On ne voyait rien en lui qui pût offenser le* » *regard : tous ses mouvements étaient réglés,* » *tous portaient le cachet de la vertu et offraient* » *le modèle de la perfection.* Après seize mois » de noviciat, Dieu l'a trouvé mûr pour le ciel. » Il n'avait pas encore vingt ans ! »

II. *Notre-Dame des Catacombes.* — Moins d'un an après la nomination du R. P. Sébastien à la dignité abbatiale, Sa Sainteté Léon XIII s'adressait, par le cardinal protecteur des Ran- céens, au Vicaire général pour obtenir une colonie de Trappistes. Il s'agissait de remettre entre leurs mains un dernier lambeau de propriété du Saint-Père : la vigne et les catacombes de Saint-Calliste, à deux milles de la porte Saint-Sébastien, sur la *via Appia*. Cet endroit n'est guère moins malsain que les Trois-Fontaines, monastère de Cisterciens réformés à 6 kilomètres de la Ville, sur la voie d'Ostie. C'est à l'ancien soldat du Pape que l'on demande un sacrifice, le désir du Souverain Pontife est pour lui un ordre. A la fin de 1883, nous avions le bonheur d'accompagner à Rome notre R. Père et nous aimons à nous rappeler l'accueil paternel que Léon XIII lui fit à l'audience de la veille de Noël. Mgr Macchi, alors maître des cérémonies, présenta D. Sébastien à Sa Sainteté. Le Pape, posant sa main sur la tête de l'Abbé du mont des Cattes : « Mon fils, lui dit-il en » italien, vous entreprenez une affaire qui de » mande des ressources : avez-vous les fonds » nécessaires ? » D. Sébastien assura qu'il s'efforcerait de répondre aux désirs du Saint-Siège, et après quelques mots d'encouragement tout empreints de bienveillance, le Souverain Pontife, bénissant l'entreprise, nous congédia. Nous baisâmes avec émotion la mule et la main du Vicaire de Jésus-Christ. Quelques jours plus tard, nous étions de retour au mont des Cattes. Le P. Abbé demeurait à Rome pour y installer ses Religieux qui ne tardèrent pas à l'y rejoindre. Leur petite caravane vint aussitôt se fixer définitivement entre les tombeaux des Scipions et des Cœcilii.

Le P. Alphonse Dujardin, ancien officier des zouaves pontificaux, était à la tête de la communauté naissante; il avait déjà pour la recevoir un monastère où les travaux de démolition et de construction touchaient à leur fin. C'était un homme d'une ardeur indomptable et il l'avait bien prouvé au régiment. Or, comme il travaillait à faire disparaître un pan de mur, sans écouter les prudents qui l'avertissaient du danger, il lança son levier dans la muraille qui s'écroula sur lui et lui broya le crâne. Le général Kanzler fit célébrer pour son ancien soldat un service solennel.

Ce n'était que le commencement des épreuves; les premières chaleurs amenèrent au couvent la terrible mal'aria et la communauté entière en subit les effets : bon nombre de religieux se virent obligés de prendre le chemin de l'hôpital. Le malheur le plus grand fut que D. Sébastien, qui durant ses douze années de service avait échappé à cette maladie, se sentit sérieusement atteint. Il reprit la route de Flandre, mais ne retrouva plus, depuis, sa belle santé d'autrefois.

Le Supérieur que le R. P. Abbé laissait à Rome était un Religieux jeune de profession,

mais homme d'expérience et surtout de caractère, ancien officier de l'armée française, le
P. Ignace Binaut, né à Merville (Nord) en 1850.
Il fut nommé prieur titulaire en 1888 et élu Abbé
en 1891. Grâce à Dieu, ce digne Supérieur a su
donner à sa maison, composée aujourd'hui,
comme Tilbourg, d'une soixantaine de moines,
toutes les ressources désirables. Il lui a ménagé
notamment, pour les saisons terribles, un refuge des mieux situés dans les montagnes
Albaines, au pied du Monte Cavo, à Grotta
Ferrata, dont le paysage est enchanteur. De
la terrasse du monastère, on découvre la vaste
plaine romaine et, dans le lointain, la Ville
Éternelle. C'est non loin de là que Cicéron
avait sa villa, l'ancien *Tusculum*, dont il a
laissé aux humanistes des âges futurs de si
agréables souvenirs. Mais que sont, pour des
moines, des ruines païennes à côté des catacombes de Saint-Calliste, de ce trésor dont ils
sont constitués les gardiens !

Voici, en abrégé, le récit que M. Nortet, mis-
sionnaire apostolique (actuellement prieur de
Chambarand), faisait, dans la *Semaine Religieuse* de Grenoble, d'une fête de sainte Cécile.

« Après l'office de nuit, sous un ciel brillant
» d'étoiles, les moines quittaient leur chapelle
» sur une longue file de robes blanches, par la
» voie des Papes, pour se rendre aux cata-

» combes. Involontairement, l'esprit se repor-
» tait aux temps anciens... où, dans ces mêmes
» cryptes, les fidèles déposaient leurs martyrs
» de la veille ou célébraient le culte de ceux qui
» déjà y reposaient.

» A leur exemple, les Trappistes allaient glo-
» rifier l'une des plus illustres héroïnes de ces
» siècles de martyrs, au lieu même où pendant
» 600 années, on était venu la vénérer à son
» tombeau. Aujourd'hui, le sépulcre existe
» encore ; depuis un demi-siècle seulement il a
» été découvert et reconnu, mais le corps est
» absent. En 807, Pascal Ier, pour le soustraire
» aux dévastations des Lombards, l'a fait re-
» porter dans Rome... Depuis cette découverte
» célèbre, faite en 1854 par M. de Rossi, les
» Papes ont voulu remettre ces lieux en hon-
» neur..... C'est l'office des Trappistes de rendre
» un culte du jour et de la nuit aux saints mar-
» tyrs de la grande nécropole chrétienne. Par
» la psalmodie sacrée, ils les glorifient, et de
» leurs mains ils cultivent le sol arrosé de leur
» sang ; ils gardent pieusement leurs demeures
» souterraines et guident les pèlerins près de
» leurs tombeaux. »

Le narrateur nous montre les catacombes, en
ce jour, ornées à profusion de fleurs blanches et
rouges, symboles de la virginité et du martyre ;
de girandoles à triple lumière, image de la

Trinité, si chère à sainte Cécile ; l'effigie de la sainte repose dans son tombeau sur un lit de verdure et de roses et, à côté, un autel est préparé.

« C'est là que pénètre le cortège silencieux.
» D. Ignace se retire dans une chambre sépul-
» crale et reparaît vêtu des ornements pon-
» tificaux, précédé de ses ministres, pour
» commencer le Saint Sacrifice. Il s'appuie
» sur un bâton pastoral en bois, une croix
» de bois tombe sur sa poitrine, une mître
» blanche orne son front, ses vêtements sa-
» crés sont de laine blanche : tel devait être
» le Pontife romain, quand il venait, entouré
» de son clergé, pour accomplir les mêmes
» fonctions saintes, en cette même crypte,
» en ce même jour, devant ce même tom-
» beau...

» Touchant surtout fut le moment de la com-
» munion. Là, comme autrefois chez les pre-
» miers chrétiens, tous les Frères qui n'étaient
» pas prêtres vinrent gravement, modestement,
» mais avec un front serein et radieux, recevoir
» de la main de leur Père et Pontife le Pain
» Eucharistique.

» Et je me disais tout bas : Ceux-ci marche-
» raient aussi sans faiblesse au martyre. »

Nous avons fait connaître suffisamment Konings'hoven et Saint-Calliste, les filles jeunes encore et déjà si florissantes de Sainte-Marie-du-Mont ; souhaitons à ces deux aimables sœurs un avenir de plus en plus prospère et revenons à leur mère.

CHAPITRE XIV

Se sont succédé, dans la charge de prieur
titulaire de Sainte-Marie-du-Mont, les PP. M.-
Joseph, Bernard, François-Marie, Nil, Désiré
de Ren (1830-1835), puis le P. Augustin et enfin
le P. Athanase, qui devint prieur claustral après
l'élection du R. P. Dominique comme Abbé.
Après le P. Itsweire, cette charge, la seconde du
monastère, fut remplie par le P. Benoît Jodocy,
natif de Rheinsfeld (grand-duché de Luxem-
bourg) qui fut Père-Maître des RR. PP. Sébastien et Jérôme ; puis par le P. Edmond
Bourke, irlandais, qui céda la fonction au
P. Sébastien. Devenu premier supérieur, le
P. Sébastien nomma prieur le P. Jérôme Parent,
né à Wavrin (Nord), le 12 février 1845. Il a fait
partie de l'armée du Nord dans la guerre franco-
allemande et s'est trouvé dans les combats de
Villers-Bretonneux, Pont-Noyelle, Bapaume et
Saint-Quentin. Déjà postulant avant la guerre,
il fit le vœu d'entrer à la Trappe du mont des
Cattes s'il était épargné, et la Sainte Vierge

l'exauça ; aussi après sa libération, il vint frapper à la porte de l'abbaye cistercienne, et fit son entrée quelques semaines après le R. P. Wyart, en avril 1872. Hôtelier de Sainte-Marie-du-Mont, quand en 1877 le P. Sébastien partit pour Rome, le P. Jérôme fut nommé sous-prieur ; il fut un moment Supérieur à Tilbourg ; de retour au mont des Cattes, il devint bibliothécaire et maître des novices de chœur, puis, en 1883, prieur et infirmier.

Quand le R. P. Abbé alla à Rome pour la fondation des Catacombes de Saint-Calliste, la direction de Sainte-Marie lui resta tout entière et, dès lors, il en eut ordinairement seul toute la charge. Le P. Abbé était le plus souvent en Italie, ou malade, et c'est avec une absolue confiance qu'il se reposait sur son cher P. Prieur, D. Jérôme.

Le 10 octobre 1887, le R. P. D. Jérôme, Abbé de Septfons, se désistait de ses fonctions de Vicaire général, et D. Sébastien Wyart était appelé à le remplacer. Le 28 du même mois, l'Abbé de Septfons donnait également sa démission de Supérieur, et le nouveau Vicaire général dut s'arracher à ses fils du mont des Cattes et se rendre dans l'Allier, pour diriger désormais cette vaste abbaye de Saint-Lieu-Septfons : elle souffrait encore des rudes coups que lui avait portés l'exécution des décrets. Le R. P. D. Sébastien y trouvait sept religieux de chœur et quelques convers ; elle possède aujourd'hui un personnel de plus de cent personnes, dont vingt-huit prêtres. Jusqu'à nouvel ordre, le R. Père Wyart restait Administrateur de Sainte-Marie-du-Mont.

En la fête de l'Immaculée-Conception de 1888 [1], huit novices de Sainte-Marie-du-Mont prononçaient leurs vœux. Il y avait des vides à remplir : depuis quelques années, plusieurs religieux, outre les colons de Tilbourg et de Saint-Calliste, avaient quitté le mont des Cattes ; l'un était parti pour la maison de Chine, un autre au Port-du-Salut, trois à Jérusalem, deux à Tamié, deux à Septfons, au total une vingtaine ; cela faisait un grand vide dans une communauté qui naguère encore comptait une vingtaine de choristes seulement. Cependant il était anormal que le monastère fût longtemps dirigé par un Abbé non résidant : tous désiraient voir cesser cette situation, y compris le R. P. Sébastien lui-même. En conséquence, le 15 juin 1889, vingt et un électeurs se réunirent au chapitre du mont des Cattes, sous la présidence du Vicaire général assisté du R. P. Abbé de Saint-Sixte, et choisirent pour Abbé D. Jérôme Parent.

Le nouvel Abbé nomma prieur le P. Albéric

1. Le sermon était donné par le P. A. d'Aubigny S. J. et clôturait une retraite.

Staes. La bénédiction du R. P. D. Jérôme se fit le 6 août, jour de la Transfiguration de N.-S. « Mgr de Lydda officiait, raconte l'*Emancipa-* » *teur de Cambrai*, et là, comme partout, le » vénéré Pontife captiva son assistance par la » dignité, par l'aisance pleine de distinction et » de majesté avec laquelle il accomplit les » moindres fonctions de son auguste ministère. » L'élu avait pour assistants D. Sébastien et » D. Benoît, Abbé de Westmalle. Un troisième » Abbé, D. Albéric de Saint-Sixte, occupait une » stalle du chœur. L'église du monastère, trans- » formée par d'ingénieuses décorations, n'était » plus à reconnaître. Ses murailles disparais- » saient sous les tentures : les fleurs abondaient » ainsi que les écussons et les oriflammes. Les » autels de saint Bernard et de saint Benoît étin- » celaient de lumières... La longue cérémonie » s'accomplit dans un ordre parfait. C'était à » comparer avec les admirables solennités de la » métropole. Le nouvel Abbé, cela va sans dire, » attirait tous les regards. Quand il apparut, » revêtu de tous les insignes de sa dignité, une » sorte de frémissement de joie gagna tous les » cœurs. Religieux, parents, frères et amis reçu- » rent avec une pieuse avidité ses premières » bénédictions. La douce modestie avec laquelle » il les répandait présage, nous en sommes cer- » tains, ce que sera le gouvernement du monas-

» tère : dans l'avenir, comme dans le passé, tout
» ce qui peut se concevoir de plus paternel.
» Vous vous représentez l'attitude qu'avait là
» le cher P. Sébastien. Quel mystère que cette
» figure ! Sous une surface d'apaisement et de
» calme qui n'est pas une tenue de convention,
» mais le résultat d'un long triomphe sur soi-
» même et d'une habitude de vie intérieure
» toute en Dieu, que de préoccupations, que de
» soucis !... Aujourd'hui deux sentiments pro-
» fonds paraissent y ressortir : le déchirement
» et la consolation. Premièrement, le déchire-
» ment, car désormais c'est fini : les *ad multos*
» *annos* de son successeur précisent le sens des
» adieux qui lui restent à faire à cette maison
» bénie dans laquelle il croyait avoir concentré
» son affection et son dévouement. Seconde-
» ment, la consolation cependant : car le père
» qu'il laisse est l'enfant de sa droite. Aussi
» pendant que les cloches du monastère, de
» leurs voix les plus joyeuses, portaient au loin
» la nouvelle de l'intronisation de D. Jérôme...
» il suffisait d'observer la figure du P. Abbé de
» Septfons pour y lire la traduction fidèle de
» ces paroles de la liturgie du jour : *hic est filius*
» *meus in quo mihi complacui, ipsum audite.*
» Pourquoi des heures si douces s'écoulent-
» elles si rapidement ?

» Quel regret de ne pouvoir fixer sa tente

» sur la sainte montagne, ne fût-ce que pour
» quelques jours ! Là, du moins, on respire un
» air pur et on se trouve dans la vérité et la paix.
» Et quant à ceux qui s'obstineraient à de-
» mander à quoi servent les moines, nous les
» renverrions volontiers à l'allocution gracieuse
» par laquelle Mgr de Lydda clôturait la fête,
» en répondant aux remerciements de D.
» Jérôme : « Mes Pères, vous travaillez comme
» nous et plus que nous : car c'est ici que nous
» trouvons ce qui peut féconder notre travail
» personnel : la prière et le sacrifice. »

Quelques mois après cette belle cérémonie, les Abbés Rancéens se trouvaient réunis à Paray-le-Monial. C'était l'année anniversaire et de l'apparition du Sacré-Cœur à la Bienheureuse Marguerite-Marie, et de la Révolution qui, presque ' jour pour jour, avait puni en Louis XVI le refus de Louis XIV de consacrer son royaume

---

1. Le 17 juin 1689, N.-S. témoigne à la Bienheureuse Marguerite-Marie le désir de voir le règne de son Sacré-Cœur établi officiellement en France, et par la France dans le monde entier... A peu de jours de là, le P. de la Chaise devait transmettre à Louis XIV les paroles du divin Maître.

Le 20 juin 1789, l'Assemblée nationale de Versailles se déclarait constituante ; le 14 juillet, la Bastille était prise, et le 20 août voyait la déclaration des droits de l'homme...

La Révolution, œuvre de la Maçonnerie église de Satan, est essentiellement antichrétienne.

Le Sacré-Cœur résume toute la religion ; il est l'antinomie de la Révolution.

au Divin Cœur et d'obtempérer aux autres demandes de Notre-Seigneur Jésus-Christ.

Après la Messe à l'autel de l'Apparition et un sermon du P. Symphorien, aumônier des Cisterciennes Réformées d'Ubexy, le très Révérend P. Vicaire général prononçait, devant le Saint-Sacrement exposé, une formule de consécration au Cœur du Divin Maître. Cet acte est renouvelé chaque année au mont des Cattes : la formule est récitée par tous les religieux, un cierge à la main, au salut des secondes vêpres de la fête du Sacré-Cœur.

L'année suivante, les mêmes Supérieurs se retrouvaient à Paray, pour prendre part à un grand pélerinage. Ils y déployèrent une bannière à l'image du Sacré-Cœur et portant le cri sublime : *Trahe nos omnes!* Cette bannière fut portée à la Maison que la congrégation de Rancé fondait près de Jérusalem.

On se souvient que le blason de D. Sébastien est un Sacré-Cœur au naturel sur champ blanc ; c'est le fanion de Patay. Le R. P. Jérôme, par amour du Sacré-Cœur et de la Passion, prit pour armoiries : de sable à une croix d'argent chargée d'un Sacré-Cœur environné de la couronne d'épines, avec la devise : *Dirige me et doce me.*

En 1893, ce furent les PP. Capitulants de Cîteaux réformé qui prononcèrent, dans la

chapelle de l'Apparition, un acte de consécration et d'hommage-lige; en voici la formule, qui
fut rédigée par un moine du mont des Cattes :

« O Cœur de Jésus, prosternés à vos pieds,
» nous déclarons vous être entièrement dé-
» voués; nous vous consacrons nos personnes,
» nos maisons et tout ce que nous possédons.
» A vous de nous défendre, de nous protéger,
» de nous diriger de façon à ce que soit procurée
» votre plus grande gloire.

» Jésus-Hostie-Roi, en face des impiétés de la
» société actuelle, de sa guerre acharnée contre
» votre nom sacré, votre Église et vos servi-
» teurs, nous sentons la nécessité de protester
» de votre Règne au Saint-Sacrement, et vou-
» lons nous conformer à un désir que vous avez
» exprimé à la Bienheureuse Marguerite-
» Marie : nous entendons tous prêter ici, au
» nom de notre Ordre, l'hommage entier, public
» et solennel qui vous est dû par tous les
» hommes. N'ayant rien de plus à cœur que
» de reconnaître, comme notre Père Saint Ber-
» nard, votre absolu domaine, nous nous
» écrions avec l'illustre Abbé de Clairvaux :

» Je fais appel à mon Seigneur Jésus-Christ;
» entre ses mains je remets ma défense, car je
» reconnais ses droits absolus. Je le tiens pour
» mon Dieu, je le tiens pour mon maître; je dis:
» Je n'ai d'autre roi que le Seigneur Jésus! »

En ces tristes jours où le règne de l'Anté-Christ semble se préparer par l'union des sectes qui, dans un réseau satanique, enserrent l'Occident et l'Orient, ces paroles résonnent d'une manière éclatante et, pour beaucoup, sont étranges ; mais pour ceux qu'éclaire la foi, ce fut un consolant spectacle que celui de ces vénérables prélats, unis par les liens d'une étroite charité, prosternés ensemble au pied de l'autel du Sacré-Cœur et se déclarant ses serviteurs tout dévoués.

Cette consécration répondait bien à la devise du Général : *Trahe nos !*

Puisse l'union des Cisterciens dans le Sacré-Cœur se réaliser d'une manière plus complète encore par la fusion des autres observances avec les Réformés sous un seul et même chef : *et fiet unum ovile et unus pastor.*

CHAPITRE XV

ÉCOLE DU MONT DES CATTES. NOTRE-DAME DE
BELVAL

Le P. Athanase avait commencé la construction de l'école sur le chemin de Godewaersvelde ; le R. P. Dominique l'acheva : il avait une grande affection pour les enfants, il ne se passait guère une après-dînée qu'il n'allât les visiter en classe, les interroger, leur faire des récits à la fois édifiants et pleins d'intérêt, encourager enfin les pieuses institutrices. Après lui, le local fut jugé trop restreint pour le nombre des élèves qui allait sans cesse croissant : il fallut construire une nouvelle école. En même temps, les institutrices, après de longues années de dévouement, songeaient à prendre une retraite bien méritée.

Non loin des anciennes classes, une demoiselle d'Hazebrouck s'était fait bâtir une villa qui, à sa mort, en 1893, fut mise en vente. Le R. P. Jérôme acheta ce petit domaine, y ajouta un beau bâtiment, et put ainsi installer les écoles dans de meilleures conditions d'hygiène.

Il y appela les sœurs de l'Enfant-Jésus de Lille ; depuis 1895, trois religieuses desservent cet établissement où garçons et fillettes sont préparés à la première communion et reçoivent, avec l'instruction primaire, une éducation chrétienne. Un moine est chargé de leur faire le catéchisme dans la chapelle Saint-Constance. Si, parmi ces enfants, germent des vocations religieuses ou sacerdotales, les jeunes aspirants au sacerdoce trouvent, parmi les Pères, un professeur dévoué qui les met en mesure d'entrer en troisième ou en seconde. Cette école mixte est une œuvre excellente à laquelle nous souhaitons la plus grande prospérité : l'enseignement primaire peut beaucoup pour le maintien des bonnes idées et le redressement des mauvaises dans l'esprit du peuple.

Une œuvre d'un autre genre doit attirer maintenant notre attention : c'est la fondation de Notre-Dame de Belval.

Depuis longtemps, le R. Père Général souhaitait l'établissement de Religieuses Cisterciennes ou Trappistines dans le Nord ou en Belgique. Enfin l'occasion se présenta de réaliser ce vœu. Un curé des environs de Saint-Pol, à 2 kilomètres de cette ville, avait une annexe appelée Belval, et dans cette annexe il se trouvait un ancien château, plutôt ruines que monument. Cette ancienne demeure seigneuriale est située à 4 kilomètres de Saint-Pol-sur-Ternoise ; tout auprès du château, est une petite église d'un joli style xv⁰ siècle, assez délabrée ; quelques familles d'agriculteurs forment la paroisse. L'endroit, dans la belle saison, n'est pas sans agrément ; c'est un vallon encaissé, tout entouré de bois qui en font une délicieuse solitude.

Le pasteur de Belval eut l'idée d'utiliser le castel pour une fondation monastique ; c'était reprendre la suite d'un projet déjà ancien : car le P. Joseph du Gard, décédé au mont des Cattes, avait jadis visité le domaine pour savoir s'il était propre à cette destination. M. le curé s'adressa à l'Abbé du mont des Cattes et lui offrit le produit de ses quêtes en Artois. Le Général de l'Ordre autorisa D. Jérôme à visiter la propriété, et le 13 juin 1892 elle était achetée pour devenir un monial de Cisterciennes : *Bernardus valles, montes Benedictus amabat.*

C'est près de là que saint Benoît Labre avait habité, chez son oncle, le curé de Conteville. Le Révérendissime fut heureux de promettre, pour cette intéressante fondation, un essaim de Religieuses de Notre-Dame de l'Immaculée-Conception de Laval.

D'après le Droit Canon, l'Abbé de l'Ordre qui est le plus voisin du monastère en devient par cela même le Père Immédiat ; il est, avec l'Evê-

que du diocèse, chargé du spirituel du monastère. C'était pour le R. P. Jérôme une nouvelle
charge ajoutée aux devoirs si nombreux de sa
haute fonction. Par les soins du P. Léon, le
cellérier si méritant de Sainte-Marie-du-Mont,
Belval fut aménagé pour recevoir ses saintes
habitantes.

Dès le 14 mai 1893, l'Abbé du mont des Cattes
bénissait, en présence des bienfaiteurs et amis,
le nouveau monial et sa cloche, en même temps
qu'une nouvelle cloche à l'église du hameau.

Les premières Religieuses arrivèrent le
14 juin pour préparer le nécessaire dans la
maison ; le 10 octobre la Supérieure vint, avec
une petite colonie, prendre possession du
monastère ; l'installation solennelle eut lieu le
12 octobre.

Le R. P. Jérôme, accompagné de l'Abbé de
Saint-Sixte, du P. Aumônier et du P. Léon,
cellérier, se présentait avec mître et crosse à la
porte de clôture. Reçus selon les prescriptions
du rituel, les Prélats se dirigèrent vers la chapelle, où le R. P. Immédiat célébra la Sainte
Messe. Après une touchante allocution, il remit
à la Mère Supérieure le sceau et les clefs de la
maison, puis entonna le *Te Deum*.

Depuis cette bienheureuse installation, les
Sœurs pratiquent exactement leur règle, qui
diffère peu de celle des moines, et croissent en

nombre, et si la richesse n'abonde pas dans la maison, la ferveur y est grande. Que Dieu veuille répandre sur cette maison de paix ses meilleures bénédictions !

Les constructions du monial sont défectueuses : les lieux réguliers présentent des conditions peu favorables à la santé et à la pratique des exercices de la vie religieuse. L'oratoire surtout est trop étroit : combien seront heureuses nos pieuses Cisterciennes quand elles pourront, comme à Laval, dans une nef spacieuse, chanter chaque jour leurs offices et assister à la Sainte Messe. Car enfin moduler des psaumes, des hymnes, des prières liturgiques, les chants doux et graves de Cîteaux, c'est le plus grand bonheur pour ces âmes vouées à un silence perpétuel : joindre la mélodie à la prière est un besoin de l'existence monastique, c'en est aussi la principale obligation.

Les Religieux moines ont, eux, le privilège d'assister, de participer à de magnifiques cérémonies : les jours de fête, l'Abbé officie pontificalement. Reçu avec pompe au portail de l'Église, il s'avance en bénissant vers le presbytère au son des cloches et bientôt, prenant place au trône, il revêt tous les insignes épiscopaux. Les nombreuses personnes qui assistent le prélat, les chants sacrés, enfin tout le majestueux déploiement de mise en scène voulu par le cérémonial relève singulièrement ces solennités. Mais il faut à toute cette liturgie un cadre assorti, un monument digne d'elle, un temple grandiose. C'est ce que possède aujourd'hui le mont des Cattes, et ce que nous allons décrire : son église conçue dans un style si heureux et son beau cloître [1].

[1]. Les quatre dates qui figurent sur la façade de l'église sont :

1098 : Fondation de Cîteaux ;

1664 : Réforme de la Trappe ;

1826 : Fondation de Sainte-Marie-du-Mont ;

1802 : Fusion des observances des Trappistes et reconstruction de céans.

ÉGLISE (CHŒUR DES RELIGIEUX).

CHAPITRE XVI

Un des graves soucis du P. Dominique était de procurer au monastère une chose — essentielle à la santé — qui avait manqué jusque-là : l'eau potable ; et avant de passer à une vie meilleure, il fit à ce sujet ses recommandations au P. Sébastien, en qui il voyait bien son successeur. Depuis la fondation de la maison, la plus grande privation des religieux fut toujours le manque d'eau, pénible surtout en été. Le P. Nil et le P. Albéric avaient creusé de profondes citernes, mais elles étaient souvent à sec, ou bien ne contenaient que de l'eau malsaine et d'un mauvais goût. Alors il fallait mettre les chevaux au chariot et remonter, dans des tonneaux, la belle eau des sources qui chantent au pied du mont.

Pour remédier à cet état de choses, le R. P. Sébastien, dès la première année de son gouvernement, fit à grands frais creuser un puits artésien dans la cour, entre le monastère, la fromagerie et les écuries, à la portée de tous.

Saint Benoît fut invoqué ; Saint Joseph, protecteur spécialement choisi, eut sa statue au-dessus d'un élégant abri qui décorait le travail ; vains efforts : le puits, creusé jusqu'à une profondeur de cent mètres, fut abandonné faute d'eau ; le plus clair résultat de l'entreprise, ce fut beaucoup de peine et de frais, et la connaissance de la composition géologique du sol.

Quand les Religieux commencèrent à fabriquer la bière pour la vendre aux particuliers, la pénurie d'eau dont le monastère souffrait depuis un demi-siècle devint tout à fait intolérable : les besoins personnels des Moines restaient les mêmes, mais les exigences de l'industrie nouvelle étaient plus grandes. C'est alors que le R. P. Abbé, D. Jérôme, assembla, un jour de l'hiver 1888, son conseil afin de délibérer sur les moyens d'élever jusqu'au monastère l'eau des sources qui coulent au pied du mont ; tous furent d'avis qu'il fallait appeler un ingénieur de Lille pour étudier la question, ce qui fut fait. En mai 1889, une machine à vapeur fut installée pour actionner une pompe foulante qui prend l'eau à une distance de 600 mètres du monastère, et la refoule à une hauteur de 80 mètres. Ce travail a réussi à souhait, et l'eau ne manque plus à Sainte-Marie, même dans les étés les plus secs. C'était, dans la voie du progrès matériel, un grand pas ; les Religieux témoignèrent de leur reconnaissance envers Dieu en chantant un *Te Deum*.

Une autre question plus grave occupait l'esprit de D. Dominique : le projet de reconstruction de l'Abbaye. Pendant les cinq années de son gouvernement, D. Sébastien eut cette question à cœur, étudia cette importante entreprise, consulta des architectes ; mais la fondation des Catacombes l'absorba, la fièvre paludéenne l'abattit, si bien que l'exécution du projet, remise à plus tard, incomba au R. P. Jérôme.

Le 25 avril 1891, M. Paul Destombes, architecte de Roubaix, et M. Emile Rouzé, entrepreneur à Lille, firent commencer la démolition du côté sud de la cour des ateliers, hangars, boulangerie, lessiverie, etc., pour y creuser une vaste cave destinée au magasin à fromages. Les côtés nord et ouest du futur monastère furent jalonnés suivant des plans très heureux.

Le style choisi par le P. Léon, cellérier, était le gothique ; M. Destombes fit des projets XIIIe et XIVe siècles.

Le 2 juillet 1891, le Très Révérend P. D. Sébastien, Vicaire général, en mître et crosse ainsi que les assistants, les RR. PP. Jérôme du mont des Cattes et Ignace des Catacombes, posa la première pierre du côté nord du nouveau monastère, en présence de MM. l'architecte et l'entrepreneur, de quelques amis et de la Com-

munauté : tous signèrent le procès-verbal qui
fut scellé dans la pierre. Depuis cette date, les
murailles surgirent comme par enchantement,
les cloîtres se dessinèrent, les fenêtres s'élancè-
rent gracieuses entre les puissants contreforts
du bâtiment. En même temps, d'énormes travaux de terrassement changeaient l'aspect des.
cours et du jardin sur lequel allait s'asseoir toute
la nouvelle construction, et c'était plaisir de voir
avec quel joyeux entrain les Religieux aidaient à
la besogne. Le 24 décembre, le nouveau Chapitre
fut inauguré par le sermon de Noël. Au bout
de deux années le monastère proprement dit
était rebâti et même occupé.

On se servait toujours de l'ancienne église et
le P. Jérôme aurait voulu ajourner la construction de la nouvelle, afin de pouvoir payer les
nouveaux bâtiments. Sur ces entrefaites D.
Sébastien vint à Sainte-Marie-du-Mont, et manifesta son désir de voir s'élever la Maison de
Dieu : il conseilla au P. Abbé de payer le monastère avec les ressources existantes et de faire
une souscription pour l'Église. Pendant cinq
ans, le R. P. Jérôme, s'armant de courage, par-
courut en mendiant nos principales villes, et se
livra avec tant d'ardeur au dur labeur de la
quête, qu'il revint un jour atteint d'une conges-
tion pulmonaire qui le mit à deux doigts de
la mort. Grâce à ces efforts si méritoires, la

OFFICE PONTIFICAL.

reconstruction de l'Église devenait possible.

Le 2 mai 1893, eut lieu la pose de la première pierre. Elle fut bénite par D. Jérôme, assisté des Abbés de Sainte-Sixte et de Konings'hoven.

L'Aumônier des Dames Bernardines d'Esquermes, un groupe de bienfaiteurs, d'amis et de voisins prirent part à cette solennité.

Le 25 mai 1894, l'Archevêque de Cambrai visitait les nouveaux cloîtres, et ne ménageait pas ses approbations, ni son admiration.

A la fin de l'année, tout était terminé, et le 7 décembre, premier vendredi du mois et veille de l'Immaculée Conception, eut lieu la bénédiction du nouveau sanctuaire. Le R. P. D. Jérôme présidait la cérémonie, assisté de D. Willibrord de Konings'hoven. Après la Messe pontificale, les moines, un flambeau à la main, allèrent chercher le Saint-Sacrement au Tabernacle de l'ancienne église et, traversant processionnellement les cloîtres au chant du *Te Deum*, installèrent le Divin Hôte dans son séjour nouveau.

L'église de Sainte-Marie-du-Mont domine de toute la hauteur de son toit les constructions qui l'entourent. On l'aperçoit de loin et, par un temps clair, elle se distingue très bien, de la station d'Hazebrouck. Le portail, précédé d'un superbe perron en pierre bleue, est extrêmement gracieux. Entre deux tourelles d'une rare élégance et hautes de 30 mètres, se dessine un triple galbe aigu surmonté de fleurons. Une belle porte à deux battants s'ouvre dans le milieu : dans le tympan sont sculptées les armes, parties de Sainte-Marie-du-Mont et de l'Abbé actuel. Des anges supportent l'écusson, auquel sont jointes une crosse, une croix et une mître. Au-dessus, s'ouvre une immense et splendide rose de 6 mètres de diamètre. Plus haut se voient les armes de Cîteaux, avec deux crosses posées en sautoir derrière l'écu que surmonte la mître, et au-dessus on lit, en grandes lettres onciales : *Cistercium, mater nostra.*

La pointe du pignon supporte, sur une colonnette encorbellée, une grande Vierge couronnée, dans l'attitude de la prière.

La longueur de l'Église, y compris le porche et le perron, est de 60 mètres. A l'intérieur, le vaisseau comporte une nef de 50 mètres de long sur 12 de large et 17 d'élévation sous voûtes. Ces voûtes sont divisées, à la croisée des arcs ogives, par un arc doubleau, simple intermédiaire, qui retombe sur une pile de colonnes moins robuste que celle des autres doubleaux, de sorte que chaque travée des voûtes en embrasse deux de la nef. Celles-ci sont ornées de magnifiques fenêtres comprenant deux arcs extradossés, étroits, séparés par une pile centrale et surmontés par un oculus indépendant recevant en feuillus des redans à 6 lobes. Il y a sept fenêtres sur chaque côté, deux travées sont aveugles ; une voûte en berceau couvre la tribune faite au-dessus du cloître, lequel forme porche, et un berceau règne aussi au-dessus du presbytère. L'abside est à six pans ; dans le bas, s'ouvrent des arcades supportées par des colonnes de grès, un deambulatorium donne accès à sept chapelles rayonnantes ; un peu au-dessus de la pointe des arcs du presbytère, s'élèvent des fenêtres divisées par un meneau et portant sur deux arcs brisés un trilobe.

Le mobilier n'est pas indigne de l'architecture, et si celle-ci fait honneur à M. Destombes, les belles sculptures en chêne sont tout à la gloire de M. G. Pattein, d'Hazebrouck. Cet artiste a le secret de produire des silhouettes originales : celles de l'autel majeur avec ses reliefs et ses arcs-boutants ornés et celles du jubé accosté de ses deux autels en sont la preuve.

Que de détails et quelle harmonie dans l'ensemble, quelle richesse sans profusion, quel bon goût, et comme le style de l'édifice est scrupuleusement respecté dans ces ornementations !

Chaque stalle porte le nom ou les initiales du donateur. La stalle de droite contre le jubé, où le R. P. Abbé se tient à Matines, porte une mître ; celle du P. Prieur, la Règle de saint Benoît, un faisceau de verges et une palme en sautoir, pour marquer que le Prieur veille, de concert avec l'Abbé, à l'observance des règlements dans la maison. La stalle de Tierce du premier Supérieur a le dossier orné d'une image du Christ bénissant : Jésus est le Roi et vrai Maître du monastère : *vero regi Christo militamus* et le P. Abbé est son lieutenant, *Christi vices agit*; ce sont les expressions mêmes de la sainte Règle. La stalle du Prieur à Tierce porte la figure du Patriarche des moines d'Occident tel qu'il est représenté au mont Cassin. Au-dessous de Notre-Seigneur, on a placé son monogramme avec des fleurs de lys symbolisant la royauté de l'Homme-Dieu ; aux pieds de saint Benoît, on voit sa médaille, portant les lettres qui signifient : *Crux sancta sit mihi lux, non draco sit mihi dux,* paroles qui correspondent à la statue de saint Michel terrassant avec la croix le dragon, statue qui se trouve au rétable de l'autel des morts, contre le jubé. L'autel de gauche est dédié à Notre-Dame du Rosaire. A ces autels, chaque jour, les règlements ordonnent de dire la messe pour les parents et bienfaiteurs vivants et défunts.

Le petit autel du Sacré-Cœur, qui se dérobe derrière le maître-autel, est un vrai chef-d'œuvre de grâce naïve, de sobriété riche, de sévérité savante : les différents marbres s'y marient à merveille avec la teinte du bois ; l'autel de saint

Antoine mérite les mêmes éloges. Les autres chapelles, de saint Joseph, de saint Jean-Baptiste, de saint Benoît, de saint Bernard, de saint B.-J. Labre, offrent des autels également dignes du bel édifice.

Passons au cloître, sévère avec ses voutains et murs en briques nues, élégant par ses baies divisées en trois lancettes supportant deux roses à trois et quatre lobes, par les torres blancs des arêtiers qui viennent reposer sur de jolies colonnes suspendues dont les corbeaux sont ornés de feuillage. Ces colonnes sont engagées dans les angles formés par la saillie du pilastre de l'arc doubleau. Tous ces motifs architectoniques ont la couleur grisâtre de la pierre de Creil, et tranchent doucement sur le rouge de la brique. Le pourtour des galeries suivant leur axe mesure 172 mètres ; deux galeries se prolongent au delà du barlong, et atteignent la longueur de 70 mètres, les deux autres côtés mesurent 30 mètres.

Le chapitre est une magnifique salle à voûtes surbaissées, de 7 mètres de large sur 32 de long. Les arcs des voûtes retombent sur des pilastres engagés dans une boiserie qui sert de dossiers aux sièges régnant sur les deux côtés. La retombée du doubleau se décore d'un écusson ; sur chaque écusson sont peintes des armoiries : d'un côté les armes de Léon XIII, de Cîteaux, du R.

P. Sébastien, des quatre maisons de la Ferté, Pontigny, Clairvaux et Morimond ; de l'autre côté, celles de Mgr Sonnois, archevêque de Cambrai, de Sainte-Marie-du-Mont, du R. P. D. Jérôme, de Cherlieu, du Gard, et des deux filles de Sainte-Marie-du-Mont: Konings'hoven et Saint-Calliste.

Il y a huit travées: à l'une des extrémités, sous un panneau représentant Notre-Dame du Perpétuel Secours, l'on admire un beau buste de saint Bernard ; à l'autre extrémité, le siège de l'Abbé s'élève au milieu de deux autres plus simples. En face se voit un pupitre long : c'est le *scriptorium*. Cette salle capitulaire sert de chapitre proprement dit, et de salle de lecture pour la journée et avant complies. Sur l'un des côtés, règne une bibliothèque choisie, divisée selon les catégories de lecteurs : prêtres, moines, novices [1]. En sortant de cette salle pour se rendre au réfectoire, on rencontre une fontaine d'un bon style. Sous un premier arc aigu, un agneau crucifère se présente encadré dans un autre arc brisé à redans posant sur des colonnettes. Sous les pieds de l'agneau, l'eau tombe dans une jolie vasque de marbre. En haut se lit cette inscription :

AGNUS

VINCIT, REGNAT, IMPERAT

---

1. Les FF. convers possèdent un chapitre spécial.

la croix que porte l'agneau est surmontée d'une colombe apportant une couronne accompagnée des mots grecs J-C-K-C-NIKA, c'est-à-dire : victoire à Jésus-Christ !

Le réfectoire est vaste, orné de peintures décoratives d'un heureux effet. Un grand motif occupe presque tout le fond : le Divin Crucifié s'y voit entre sa Mère, les saintes femmes, saint Jean et les premiers Pères de Cîteaux que guide saint Benoît. Deux panneaux en grisaille, un de chaque côté, forment avec ce tableau une sorte de tryptique ; à gauche, c'est le Créateur qui adresse à notre premier Père ces paroles, moins oubliées à la Trappe que partout ailleurs : « Parce que tu as mangé du fruit défendu, la terre sera maudite, ne produira que des épines, et *tu mangeras ton pain à la sueur de ton front* jusqu'à ce que tu retournes dans la terre d'où tu as été tiré ».

A droite, un ange au glaive de feu expulse Adam et Ève du paradis terrestre.

Près du réfectoire, prend naissance l'escalier de bois qui mène au dortoir : au premier palier, sont représentés quatre Abbés de Cîteaux, qui appartiennent au pays du Nord et au XIIᵉ siècle : Idesbalde des Dunes, Rodolphe de Vaucelles, Jean de Loos et Godefroid de Clairmarais ; au palier supérieur, est peinte une Madone avec l'inscription :

Per te ascendamus ad eum qui per te ad nos descendit .

et plus bas :

> Domina de Trappa sive de gradibus
> Perducas in cœlum nos tuis precibus

Puis, voici la mort assise parmi les ruines : elle tient à la main la clef d'or qui ouvrira le ciel au bon religieux. Un texte de Mozart dit que la mort non seulement ouvre le séjour des joies sans fin, mais est aussi, dès ce bas monde, « la clef de la véritable béatitude ».

Nous entrons dans le dortoir Sainte-Marie, long de 68 mètres sur une largeur de 11 mètres : les petites cellules en plâtre sont pleines de fraîcheur et de gaîté ; un autre dortoir, dédié à saint Bernard, est décoré d'un Sacré-Cœur aux bras étendus, aux pieds duquel prient saint Bernard et sainte Lutgarde. Entre les deux dortoirs, un vestibule dont les peintures murales représentent Notre-Dame de Cîteaux, le mont des Cattes sous trois aspects : 1826, 1860, 1894 ; puis une grande fresque rappelle une apparition de Notre-Dame à saint Bernard.

Dans un monastère, la bibliothèque est une sorte d'arsenal spirituel où les Religieux trouvent à toute heure des armes, et renouvellent leur courage pour les combats de la vie ascétique. « Lisons et étudions, disait Denis le Chartreux, non pour devenir savants, ni pour surcharger la mémoire, mais pour renouveler notre esprit

LE CLOÎTRE.

et l'occuper des choses de Dieu, et pour nous enflammer de son amour. » Que la piété vraie s'unisse à la science solide, et que celle-ci servant de base à celle-là, toutes deux s'aident mutuellement. Tel est bien le but de l'étude dans un monastère ; aussi la bibliothèque du mont des Cattes a-t-elle reçu une place d'honneur, et tous les soins ont été apportés à la bien aménager ; elle est fière, et à bon droit, de ses neuf mille volumes, où figurent les œuvres des meilleurs auteurs en théologie, en exégèse, en ascétisme, en histoire sacrée et profane, etc.

Revenons maintenant dans la cour du monastère : la façade principale n'a, comme les autres parties, qu'un étage. Au-dessus des magnifiques baies du cloître, s'ouvrent des fenêtres d'excellentes proportions. Les jambes de force contribuent à donner du caractère à l'ensemble. Au centre se trouve une entrée abritée sous un auvent de pierre que surmonte la croix de saint Benoît : *Non draco sit mihi dux, crux sancta sit mihi lux.* Sur des pignons brillent les armes des quatre premières filles de Cîteaux, puis celles de Cherlieu, du Gard, de Konings'hoven et des Catacombes.

Trois cours entourées d'ateliers, brasserie, fromagerie, ferme, écuries, étables, complètent le moutier du mont des Cattes. Dans l'ensemble, par son ampleur et ses belles proportions, li répond assez bien à l'éloge anticipé qu'en faisait Mgr Duquesnay, lors de la bénédiction de D. Sébastien : « Une abbaye qui sera l'ornement et l'orgueil de nos Flandres catholiques ».

La porte d'entrée jusqu'en 1897, n'avait de remarquable que cette inscription : *Ecce elongavi fugiens et mansi in solitudine* ; elle est en effet le chronogramme de l'année de fondation, par le seul changement de *et* en *atque*. En 1897, s'est élevée une magnifique porte crénelée : elle est décorée d'une grande statue de saint Bernard, très expressive.

Le monastère de Sainte-Marie-du-Mont compte actuellement 70 personnes : 22 moines, 9 novices de chœur, 35 frères et novices convers et 4 oblats convers. Puisse cette famille religieuse s'accroître en nombre, mais plus encore avancer d'un pas ferme et rapide dans ce sentier de la vertu et de la perfection, si rude, au dire de Bossuet, que le chrétien et le religieux y grimpent plutôt qu'ils n'y marchent !

SALLE CAPITULAIRE.

CHAPITRE XVII

AFFAIRES TEMPORELLES

Les Trappistes du mont des Cattes brassaient
autrefois de la bière pour leur consommation
seulement. Dans ce temps-là, déjà lointain, les
visiteurs appréciaient beaucoup la bière brune,
forte et nourrissante des Pères. Peu à peu, par
le besoin de créer des ressources, la fabrication
et la vente de la bière prirent une importance
plus grande ; aussi chercha-t-on des perfection-
nements, et modifia-t-on le système de brassage
et de fermentation. En 1896, la petite brasserie
qui tombait en ruines fut rebâtie, et l'on y ins-
talla tout un nouveau montage. Cette reconstruction a permis d'achever avant l'hiver le
mur de clôture, qui était remplacé fort insuffi-
samment par des palissades. Le commerce de
la bière des PP. Trappistes s'étend au loin, dans
les grandes villes du Nord, à Paris et dans toute
la France : leur produit, sous le nom de bière
fine, a une réputation bien méritée : sa couleur
blonde, sa légèreté, la finesse des houblons

employés en font une digne rivale du *pale ale* tant renommé.

Les Trappistes se livrent aussi à l'industrie fromagère : depuis longtemps, ils fabriquent un fromage similaire à celui qu'on nomme Port-du-Salut, et leur produit, bien connu dans le commerce, recherché des gourmets, se passe de tout éloge.

L'industrie est une véritable nécessité pour les moines contemplatifs : dépouillés, depuis cent ans, des revenus que la charité leur avait assurés, force leur est bien de gagner la vie ; le chocolat des Catacombes a de brillants succès ; les fromages de Belval rivalisent avec ceux du mont des Cattes ; tous s'ingénient à trouver les moyens de vivre autrement que d'aumônes.

Un journaliste facétieux reprochait aux Trappistes, « tandis qu'on les croit perdus dans le rêve », d'adorer moins Notre-Seigneur Jésus-Christ que Mercure. Le rêve ? mais ceux qui vivent pour les choses temporelles rêvent bien plutôt que les moines qui en usent par nécessité. Le rêve ? le voici : oublier l'éternité dont chaque jour nous rapproche, ne pas ordonner sa vie jusqu'aux moindres détails en vue des intérêts éternels, écarter volontairement sa pensée de ce qui devrait la nourrir sans cesse, cela c'est rêver, divaguer, déraisonner même. Non, les Cister-

ciens ne sont pas des rêveurs ; ils n'adorent pas
le dieu du commerce, mais :

> Il faut bien malgré soi compter avec le monde,
> Tout en cherchant le ciel, foulant la bête immonde,
> Il faut que de l'argent la loi règne en tout lieu ;
> Afin que le couvent prie en paix le bon Dieu,
> Des frères dévoués chercheront de quoi vivre,
> Car il faut trafiquer, savoir combien la livre,
> Marquer en son endroit et l'avoir et le dû,
> Compter quel gain l'on fait, ce que l'on a perdu...
> Hélas ! si les mondains voulaient traiter l'affaire
> De leur âme aussi bien que celles de la terre !

CONCLUSION

L'Ordre de Cîteaux, sous ses diverses observances, renferme environ 4.150 Religieux et 3.750 Religieuses, en tout 7.900 personnes.

Cîteaux Réformé se trouve répandu dans les cinq parties du monde et compte 57 maisons d'hommes renfermant 3.200 religieux ; 15 monastères de femmes comprenant 900 religieuses. Concluons de là qu'un Ordre pénitent et contemplatif est encore possible à la fin du XIXe siècle. D'ailleurs, deux éléments forment le cœur de toutes les religions : un besoin d'idéalisme transcendant, une soif de Dieu ; mais parce que l'homme se sent éloigné de Dieu, sa lumière et sa vie, par le péché, un besoin de réparation, d'expiation. Cette double idée trouve dans le Divin Crucifié sa plus saisissante réalisation et l'ascèse chrétienne groupe ses adeptes au pied de la croix. Ainsi la pénitence et la contemplation sont de tous les âges et Jésus, hostie parfaite, homme et Dieu, formera toujours des disciples imitateurs de son sacrifice et attachés à l'étude du mystère théandrique ; toujours il y aura des ascètes, des moines ; on verra des jeunes gens à qui la fortune sourit, vendre leurs biens, les donner aux pauvres pour avoir un trésor dans le ciel ; on verra des hommes abandonner, pour suivre Notre-Seigneur, maison, frères, sœurs, parents, enfants : ils posséderont le centuple dès ce monde et la vie éternelle en l'autre.

Le monachisme est impérissable comme l'Evangile qui en est la base. On ne cessera de voir opposer aux trois concupiscences des richesses, des plaisirs, des honneurs, le triple vœu de chasteté, de pauvreté, d'obéissance qui est essentiel à la vie religieuse.

Le monde tombe dans de grandes erreurs au sujet de la vie religieuse, et surtout de la vie contemplative : les uns la considèrent ou feignent de la considérer comme une vie molle et oisive ; les autres la croient non seulement rude à l'exté-rieur, mais encore triste et morose. Les uns et les autres se trompent. « Avant tout, écrit un » P. Chartreux, le moine cherche Dieu par le » renoncement, contrairement au monde qui se » recherche, et s'éloigne de Dieu. Au cloître, là » paresse ne trouve pas sa place, ni son temps. » La santé est suffisamment soignée pour suffire » aux exigences de la vie pénitente. Le monde » s'effraie de cette existence sans plaisirs » semblables aux siens ; mais les gens sérieux

» qui savent ce que vaut le présent et où il
» mène, admirent cette sagesse qui a rempli
» la journée si parfaitement qu'elle n'offre
» pas un moment inutilisé : ils savent que la
» vie est un devoir, que la récompense est au
» delà de la tombe, et que d'ailleurs l'amour
» divin, qui fait de l'âme le repos de Dieu et sa
» demeure permanente, établit l'âme, la repose
» dans la paix divine qui surpasse toutes dé-
» lices. La vie monastique est la vie en Dieu
» et pour Dieu, pour soi et pour les âmes : *Ut*
» *in omnibus glorificetur Deus. O. A. M. D. G.*
» Elevant l'homme à Dieu : *estote perfecti ;*
» elle exerce autour d'elle une puissance d'en-
» traînement à Dieu en raison de sa sainteté
» réelle. »

Le moine n'a pas une vie triste : de ce qu'il
laisse au monde, de ce qu'il quitte, il reçoit le
centuple en joie intime et en paix profonde.

Son changement d'habit lui rappelle qu'il doit
devenir un homme nouveau : ferveur dans la
récitation du Saint Office, dans les pratiques
d'obéissance, de mortification et d'humilité,
voilà ce que saint Benoît réclame du novice. Il
a fait de l'humilité le pivot de sa règle, la base de
la perfection monastique. En la pratiquant et en
s'imprégnant d'une science modeste, le novice
prépare, favorise l'éclosion en son âme de l'esprit intérieur, resserre de plus en plus son union

avec Jésus, et arrive par degrés à la vie contemplative. Cette adhésion du cœur aux vérités de la foi, cette science pleine d'amour, cette charité éclairée par la foi, procure à l'âme, c'est le Dante qui l'a chanté, une douceur qui surpasse toute suavité, prélude des joies sans fin, faible image de la vision béatifique. La contemplation, dit saint Thomas, est le suprême bonheur de l'homme comme de l'ange, et celui de Dieu lui-même. Par la contemplation du temps : *Per speculum et in œnigmate,* le moine s'avance vers l'éternité où il contemplera Dieu comme il est, *sicuti est, facie ad faciem,* autant du moins que le permet la nature humaine, même glorifiée. L'existence du moine est ainsi une sorte de noviciat du ciel et, voyez la bonté divine, s'il est fidèle pendant les années de sa vie mortelle, il reçoit une récompense hors de toute proportion avec son mérite : une éternité de bonheur pour quelques instants d'efforts et de souffrance, Dieu lui-même en retour du renoncement à quelques biens terrestres : *Ego ero merces tua, magna nimis.*

Le moine, l'ascète, n'est en somme qu'un chrétien qui prend au sérieux la doctrine du Divin Maître, et qui fuit le monde, de peur qu'ébloui par ses faux biens, il arrive à ne plus voir, à ne plus chercher, à ne plus vouloir uniquement le vrai bien : *Fascinatio nugacitatis obscurat bona ;* le moine cherche le silence et la solitude, parce qu'il sait que Jésus se montre d'ordinaire dans la solitude comme il fit lors de sa Transfiguration, parce que Dieu parle au cœur dans la solitude comme il l'a dit lui-même : *Ducam eum in solitudinem et loquar ad cor ejus.*

Le moine est utile à tous, comme à lui-même, soit qu'il reste enfermé dans son monastère, et offre simplement sa vie pour les besoins spirituels de ses frères, soit qu'il se dépense extérieurement, comme en Chine, au Cap, en Australie et autres missions de notre Ordre, en courses apostoliques. Il est toujours pour ses semblables une source de bénédiction et de salut, il se fait tout à tous pour gagner des âmes à Jésus-Christ son maître, pour enrôler de vaillantes recrues sous la bannière sanglante de son divin capitaine.

Dans nos temps malheureux, au milieu de l'irréligion croissante, daigne Dieu susciter des âmes généreuses qui s'offrent en victimes pour expier les haines des impies, l'indifférence et les défaillances des fidèles, et pour épargner à l'humanité les châtiments dont la justice de Dieu menace les peuples prévaricateurs : *Loquetur ad eos in ira sua et in furore suo conturbabit eos* (Ps. 2). N'y a-t-il plus de ces cœurs vaillants, de ces âmes qui ont soif de sacrifices et de dévouement, qui, non seulement ne marchandent pas avec Dieu, mais se portent à son service avec d'autant plus de vigueur et de joie profonde qu'il leur en coûte davantage? N'y a-t-il donc plus au monde que des âmes amollies par l'esclavage du plaisir? Le Seigneur demande à son service des soldats de Gédéon, des hommes au cœur courageux *corde magno*, à l'âme énergique *animo volenti*. Qu'ils prennent la croix, et ils éprouveront bientôt qu'une onction céleste rend le joug monastique doux et léger, plus délicieux que toutes les consolations et les vaines joies de la terre.

Et vous, mes Pères et Frères du mont des Cattes, Cisterciens de Sainte-Marie-du-Mont, déjà consacrés par les vœux, vous savez la grandeur de notre vocation : hosties avec l'Hostie de l'autel que nous environnons jour et nuit, nous sommes soldats du Souverain Maître, ministres du Très-Haut, médiateurs entre le ciel et la terre, chargés des offrandes du peuple que nous présentons à Dieu, intercesseurs avec le Christ pour les péchés du monde. Offrons avec l'Eucharistie elle-même, nos sacrifices de louanges et d'immolation : *Hostiam laudis, hostiam vociferationis ;* demandons avec larmes miséricorde pour les coupables : *Cum clamore valido et lacrymis.* La charité nous ordonne de prier sans relâche pour Israël : *Hic est fratrum amator et populi Israël, hic est qui multum orat pro populo et universa sancta civitate Jerusalem.*

Notre pénitence jointe à nos oraisons, notre obéissance et notre abnégation sauveront l'Eglise et la Société.

INDEX

——

Chateauroux. — Imprimerie A. Majesté et L. Bouchardeau.

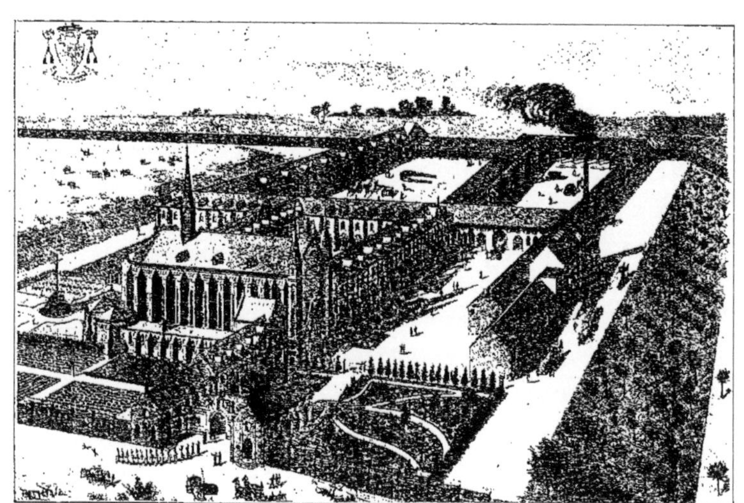

Vue générale de l'Abbaye.